कैसे कहूँ

रश्मि शरण

BlueRose ONE.com
Stories Matter

First Published in July 2022

ISBN: 978-93-5741-258-2

Price:

BLUEROSE PUBLISHERS

www.BlueRoseONE.com
info@bluerosepublishers.com
+91 8882 898 898

Cover Design:

Aveek

Typographic Design:

Rohit

Distributed by: BlueRose, Amazon, Flipkart

प्रस्तावना

"बेहतर बुनावट और बनावट की कविताएँ"

यूँ तो हर कविता की एक कहानी होती है, यह हर कवि मन जानता है। लेकिन रश्मि शरण की कविता संकलन, "कैसे कहूँ" से जब आप गुजरेंगे तो पाएंगे कि यहाँ कहानियों को ही कविता बना दिया गया है। कविता के इस अनोखी बुनावट को बहुत बारीक नंबर की सलाई से बुना गया है। "कैसे कहूँ" तो रश्मि शरण के मन का भाव हैं, लेकिन कविताएँ पढ़ेंगे तो लगेगा कि इन्होंने तो सबकुछ कह दिया है। इस सबकुछ में वह स्वयं हैं, इनका परिवेश है और वे सभी पात्र हैं जो जीवन यात्रा में कभी न कभी इनसे टकाराए हैं। इन पात्रों से जब आप इनकी कविताओं के जरिए मिलते हैं तो लगता है कि ये आप से बातें कर रहे हैं।

उन्नीसवीं शताब्दी के ब्रिटिश कवि पी वी शैले ने कहा था कि "कविता कल्पना की अभिव्यक्ति है"। रश्मि शरण शैले के कथन को तो जीती ही हैं लेकिन इससे आगे वे यथार्थ के किरदारों को भी कविता में सहेजती हैं।

रश्मि शरण कहती भी हैं- "मैं कहानियाँ बुनती हूँ"। ये देखें-

"बुनकर हूँ
किस्से कहानियाँ बुनती हूँ
बुनावट कभी महीन, कभी खुरदुरी होती है
कभी ज़मीनी तो कभी आसमानी होती है
कभी ये खुद में जोड़ लेती हैं
कभी हम खुद इनमें जुड़ जाते हैं"

कविता का सफर पड़ाव-पड़ाव कैसे चलता है, ऊपर की पंक्तियाँ उसी का बयान हैं। रश्मि शरण की कविताओं में अगर उनके अपने जीवन के अनुभव हैं तो सामने दिख रहे किरदार का व्यक्तित्व भी दिख जाता है। कविता की समझ और कहन वैसे भी कवि की आँखों को एक स्कैनर दे देती है, जिसमें वह कल, आज और कल को ताउम्र पढ़ता, गुनता और बुनता रहता है। इस लिहाज से कवि बुनकर ही होता है।

हमारी स्मृतियाँ मन की खोह में कुछ किस्से रख लेती हैं, बरसों-बरस ये किस्से खोये और सोये रहते हैं। कवि मन उन किस्सों को बाहर बुलाता है, तब ये किस्से एक रचना की शक्ल धरे हुए आते हैं। रश्मि शरण के अतीत का एक चित्र "किसुना" के नाम से आता है।

किसुना, जो दादी के घर का नौकर है, वह कितना प्रासंगिक है और घर में हर किसी के लिए कितना उपयोगी। किसुना अगर किसी के काम का नहीं था तो सिर्फ अपने लिए। "किसुना" कविता पढ़ते हुए मुझे अमरकांत की कहानी "बहादुर" याद आ गई। विख्यात कथाकार शेखर जोशी की कहानी "दाज्यू की फिल्म" मेरे अंदर चल गई। किसुना को याद करना इस देश के लाखों अनाम सेवकों को याद करना है, जो हमारी धड़कनों के साथ साँस लेते हैं और अपनी साँस रूकने तक हमारे साथ होते हैं। ये साथ एक व्यक्ति से कई पीढ़ी तक का होता है। किसुना की पूरी कहानी तो किताब के अगले पन्नों में पढ़िएगा, यहाँ एक झलक यानि ट्रेलर देख लीजिए-

..."दादा जी के जमाने का था वो
तभी हेंकड़ी लिए घूमता था
दादी तक की बात पर मुँह बिचकाकर चल देता
पर अलमस्त हो सधे गले से
भोजपुरी गीत गा लोगों को मंत्रमुग्ध कर देता
तब दादी भी अपनी सारी शिकायतें भूल
उसे अठन्नी का इनाम दिए बिना ना रह पातीं"

रिश्तों में कितनी परस्परता थी, इस कविता में वो दिखता है। सगे-संबंधियों से इतर हमारे आसपास जो भी रहता था, सब एक रिश्ते की पहचान से जुड़ जाते थे। यह रिश्ता दोतरफा निभाया जाता था। इसी परिवेश ने परिवार बनाया, परिवार ने समाज, समाज ने देश और देश ने दुनिया। इस तरह ऐसी बातें चाहें कविता में कही जायें या कहानी में, यह संपूर्ण मनुष्यता की रचना बन जाती है।

रिश्तों में आ रहे खालीपन को भी रश्मि शरण कविता में दर्ज करती हैं। सामाजिक दुनिया में हम कैसे चेहरे पर संतुलन का आवरण ओढ़कर जीते हैं, लेकिन मन वो सारे घाव देखता और दर्ज करता रहता है। इसी भाव की एक कविता का एक अंश पढ़िए-

"आज फिर तुम्हें अधूरा छोड़ आई हूँ
कुछ रिक्त तो कुछ सिक्त कर आई हूँ
पूरे और अधूरे का संगम
हमारी नियति है शायद
इस घड़े को पूरा भरने से डरती हूँ
छलक न जाए कहीं
ये सोचकर थोड़ा खाली रखती हूँ"..।

कुल मिलाकर रश्मि शरण एक ईमानदार अभिव्यक्ति की रचनाकार हैं। समय, समाज, संस्कार सब से बंधी हुई, जो कविता के जरिए खुद को उड़ान देना चाहती हैं।

मुझे लगता है कविता अपने अंतर्द्वंद में जीते हुए उम्मीद का रास्ता बनाने का नाम है। रश्मि शरण को उनके कविता संग्रह "कैसे कहूँ" के लिए ढेरों बधाई...।

सादर,

प्रताप सोमवंशी
कार्यकारी संपादक
हिन्दुस्तान हिन्दी दैनिक
18-20, कस्तूरबा गांधी मार्ग
नई दिल्ली-110001
फोन-9650938886

प्रतिक्रियाएँ

किरण खेर

KIRRON KHER
MEMBER OF PARLIAMENT (LOK SABHA)
CHANDIGARH
Chairperson:
Commonwealth Women Parliamentarians (CWP)
India Region
Member:
• Standing Committee on Home Affairs
• Consultative Committee on External Affairs

सत्यमेव जयते

किरण खेर
सांसद (लोक सभा)
चण्डीगढ़

प्रिय रश्मि,

आपकी किताब **'कैसे कहूं'** के लिए मैं अग्रिम शुभकामनाएं देती हूं। आपकी कविताएं जीवन के बेहद करीब लगती हैं। सामान्य जीवन में अनुभवों और यथार्थ की अनुभूति करवाती कविताओं को पढकर बचपन के दिनों में खो जाने का दिल करता है। एक मां, एक बेटी और एक पत्नी के रूप पकी रचनाएं हिन्दी साहित्य की अनुपम परंपरा को और समृद्ध करेंगी। आप ऐसे ही कहानियों को बुनते रहिए।

अनंत शुभकामनाएं।

Kirron Kher
किरण खेर
सांसद, चंडीगढ।

दिल्ली - फ्लैट 704, ब्रह्मपुत्र अपार्टमेन्ट्स, डॉ. बिशम्बर दास मार्ग, नई दिल्ली - 110001
चण्डीगढ़ - हाउस नं. 65, सैक्टर 8ए, चण्डीगढ़ - 160018
DELHI - Flat No. 704, Brahmaputra Apartments, Dr. Bishamber Das Marg, New Delhi-110001
CHANDIGARH- House No.-65, Sector-8A, Chandigarh-160018
Mobile +91 - 9041341004, +91-8010865288, +91-9815410601 **E-mail:** kirronkher14@gmail.com

रीता शुक्ला

हालात की पटकथा का किरदार बनने वाली, वक्त से रुक जाने की गुहार करने वाली, ख्यालों के काले केशों, चाहतों के दुधमुँहेपन की बातें करने वाली, ज़िंदगी के तारों से किस्से-कहानियाँ बुनने वाली रश्मि शरण की सबसे अधिक प्रभावशाली रचना है- "किसुना"।

शब्दों की बारीकी में दादी घर के घरेलू नौकर का करुणा सिक्त व्यक्तित्व रचती यह कविता ग्राम संवेदना की एक बड़ी पहचान है।

रश्मि का प्रथम काव्य संकलन "कैसे कहूँ" जीवन के तिक्त, मधुर अनुभवों की सुंदर बानगी से भरा पूरा है। इन कविताओं का रूप विधान किसी बंधे बंधाए नियम का मोहताज नहीं। शब्दों की अन्तर्लय में चेतना की सुगंधि घोलती कवयित्री अपनी अनुभूतियों को धारदार अभिव्यक्ति देने का सामर्थ्य रखती हैं। कविता में कहानी के ताने-बाने बुनने और शब्द शिराओं में सुर, ताल और लय की गूँज भरती रश्मि की कविताएँ ज़िंदगी की उजास से भरी पूरी हैं। हिंदी कविता का विपुल पाठक वर्ग इन कविताओं की अभ्यर्थना करेगा, ऐसा विश्वास है मुझे।

यशस्विनी भव।

रीता शुक्ला

('भारतीय ज्ञानपीठ युवा कथा सम्मान', 'लोकभूषण सम्मान', 'थाईलैंड पत्रकार दीर्घा सम्मान', 'राधाकृष्ण सम्मान', 'नई धारा रचना सम्मान', 'प्रसार भारती हिंदी सेवा सम्मान', 'हिंदुस्तानी प्रचार सभा सम्मान', 'हिंदी सेवा सम्मान' एवं अन्य सम्मान। कला संस्कृति मंत्रालय, भारत सरकार की सदस्य। केंद्रीय राजभाषा समिति की सदस्य)

कुमुद मिश्रा

कोई व्यक्ति जब अपनी बात कहता है तो दिल से कहता है, ईमानदारी से कहता है। हृदय की गहराइयों से निकली बातें वैश्विक हो जाती हैं।

रश्मि जी की कविताओं में उन्हीं गहराइयों को आसानी से महसूस किया जा सकता है। कविता संग्रह " कैसे कहूँ " के संबंध में सच में, मैं कैसे कहूँ, क्या कहूँ, शब्द नहीं मिल रहे। उनकी कविताओं में एक सरलता है। वो जिस तरह कविताओं के माध्यम से अपनी बातों को कह रही हैं, वो मन को छू जाती हैं। जिस आसानी से वो अपने अतीत में जाती हैं, उसमें हम खुद को जुड़ा महसूस करते हैं। अतीत की बेहतरीन यादों को शब्दों के मोती में पिरोकर उन्होंने पाठकों को एक शानदार उपहार दिया है।

रश्मि जी को धन्यवाद। मेरी तरफ से ढेर सारी शुभकामनाएँ।

कुमुद मिश्रा
अभिनेता

डॉ० विनोदकुमार

श्रीमती रश्मि शरण की कविताओं से गुजरने का मौका मिला मुझे। इन कविताओं में सहजता का भाव है। स्वीकृति और अस्वीकृति के बीच सरल भाषा में अपनी संवेदना को प्रकट करने की उद्दाम लालसा रखते हुए कविताएँ अपनी धरातल से नहीं भटकतीं। कवयित्री ने आज की समस्याओं पर अपनी पकड़ बनाते हुए जीवन के विभिन्न रंगो को उकेरने की कोशिश की है।

"समझ और विवेक से परे जो दुनिया है,
शायद उसके ही वाशिंदे हैं हम!
उलझे गर तुम,
तो सुलझी मैं भी नहीं
हालात की पटकथा के दो किरदार हम,
ना साथ हैं ना दूरी
ना बेवजह हो, ना जरूरी"

कविता से जुड़ाव का कवयित्री का समचुच अंदर तक बोध जाता है और सोचने पर मजबूर करता है कि कविता संभावनाओं को जीता हुआ एक सार्थक हस्तक्षेप है। नारी के विविधि मन को मार्मिक ढंग से प्रस्तुत किया गया है। इन कविताओं में एक आंतरिक स्पर्श का एहसास है जिससे यह बोध होता है कि कवयित्री का हृदय बड़ा ही संवेदनशील है।

"अनदेखे, कुछ खामोश सपने,
अनकही, कुछ रूठी सी बातें,
अनगिनत दबी चाहतें,
अनजानी रूबाईयाँ,
गिने-चुने चंद नगमें,
रत्ती भर रुसवाईयाँ,
सबको, एक ही धागे में पिरोती हूँ"।

प्रेम की गरमाहट से गुज़रती कवयित्री यह जानती हैं कि प्रेम ही शाश्वत है। प्रेम के दर्द को भी इन कविताओं में जिजीविषा के साथ आत्मबोध है। अपने कविता संग्रह "कैसे कहूँ"

में कवयित्री की संवेदनशीलता की पराकाष्ठा है जहाँ मानवीय चेष्टा और सम्भावनायें जीवंत हैं। कविताओं का स्तर व्यापक है और यथार्थ का स्पर्श भी।

इन तमाम कविताओं में भावुकता है, स्पर्श है जीवन के तमाम पहलुओं का, नाम, अनाम प्रतीकों का, बगैर किसी बड़बोलेपन के और आज की किसी साहित्यिक धारा से जुड़ाव लिए हुए कवयित्री ने अपनी बातें बड़ी सहजता के साथ पाठकों के समक्ष रखी हैं इसलिए मैं कहना चाहूँगा कि इन कविताओं में हर जगह कवयित्री अपनी सहजता के साथ, अपनी अनुभूतियों के साथ, अपनी संवेदनशीलता के साथ उपस्थित हैं, तमाम दरवाजों पर दस्तक देती उन हवाओं की मानिंद जो हर जगह होती हैं और नहीं भी होती।

"मेरी नयी फ्रॉक के इक कोने में फँसी तुम्हारी एक मुलायम सी हरी पत्ती,
मेरे साथ मेरे घर ही चली आई थी।
माँ की नज़र बचा कर उसे अपनी एक कॉपी में दबा दिया था!
उस शाम की धरोहर को फेंकती कैसे"!

कवयित्री के हृदय का तलक्षेत्र इतना विस्तृत है, जहाँ बौद्धिकता, संवेग और संवेदना की त्रिवेणी निश्चित होती है। अवचेतन ही मानव-हृदय का वह चुम्बकीय स्तर है, जहाँ अतीत की अपूर्त्त आकांक्षाएँ विस्मृति एवं स्मृति के बीच वृत्ताकार चक्कर काटती हुई उस चुम्बकीय प्रभाव क्षेत्र में पहुँचकर एक तरह के रूप में संश्लिष्ट हो जाती हैं। स्वभवतः अवचेतन संवेग एवं संवेदना के क्षणों में बिम्बों एवं प्रतीकों के माध्यम से एवं मानवीकरण के माध्यम से उन अपूर्त्त आकांक्षाओं की अभिव्यक्ति कराता है। उस परिस्थिति में रचनाकार की रचनाओं में मानवेतर प्राणी, वनस्पतियाँ और पूरी प्रकृति मनुष्य सदृश्य ही कविता में उपस्थित होकर संवाद करने लगती हैं।

"मानो, मेले में कोई अपना बिछुड़ गया हो,
और लाख बुलाने पर भी, सुन ना रहा हो"!

"बूढ़ा पेड़ था!
उस साल सर्दियाँ बहुत पड़ी थीं,
उसे राख कर कितनों को बचाया हमने"!

"तुम कोई सौ साल के रहे होगे तब,
जब इस पार्क में मैं पहली बार तुमसे मिली थी"!

इतनी सशक्त और सुन्दर कविताओं के लेखन के लिए कवयित्री श्रीमती रश्मि शरण को मेरी बधाई और अनेक शुभकामनाएँ।

डॉ॰ विनोदकुमार

कवि, लेखक एवं फिल्म निर्माता।

संजीव शेखर

मैं रश्मि शरण की कविताओं के निजी अनुभव, एहसास और उसमें जुड़ी ज़िंदगी की आपबीती को महसूस करता हूँ। यूँ कहें कि उन्होंने जो महसूस किया, उसे शब्दों में पिरोकर कविता का रूप दे दिया। हर कविता अनुभव पर आधारित है और हर कविता की अपनी एक कहानी है। कवयित्री की रचना में प्रेम, करुणा, संघर्ष और स्वाभिमान की अनुभूति होती है।

वैसे तो श्रीमती रश्मि शरण की सारी कविताएँ एक लघु कथा का ही स्वरूप हैं, पर ख़ासकर के कुछ कवितायें जैसे "किसुना", "पागल", "बूढ़ा दरख़्त", "गिरते मकान", "एक संतप्त आत्मा की गुहार" जैसी कविताएँ एक पूरी की पूरी कहानी बनने योग्य हैं। मैं उनसे आग्रह करूँगा कि वो इन रचनाओं पर किताब लिखें। मुझे पूरा विश्वास है कि इन कहानियों को सभी लोग बहुत पसंद करेंगे। वैसे ही जैसे झलकियों स्वरूप इन कविताओं को सबने पसन्द किया और सराहा है।

मैं उन्हें तहेदिल से शुभकनाएँ देता हूँ और उम्मीद करता हूँ कि उनकी कविता संग्रह "कैसे कहूँ" सभी को पसंद आएगीं!

संजीव शेखर

लेखक, मानव संसाधन विशेषज्ञ

अभिस्वीकृति

'धन्यवाद्', एक छोटा सा शब्द तब बहुत गहरा हो जाता है जब वो दिल से निकले!

मेरा पहला धन्यवाद माँ सरस्वती को है जिनकी अगाध कृपा मेरी कलम और मेरी लेखनी पर सदा रही। आपसे सादर प्रार्थना है कि आगे भी आप मेरा मार्गदर्शन कर मेरी लेखनी को सुदृढ़ और प्रभावपूर्ण बनाती रहें, आपको मेरा शत-शत नमन है माँ!

दूसरा नमन मैं करूँगी अपने माता-पिता और सासू माँ एवं श्वसुरजी का, जिनसे अगाध स्नेह पाया मैंने, हमेशा और प्रोत्साहन भी। मेरे पिता हमेशा कहते थे "तुम शब्दों से खेलना जानती हो, उन्हें पिरोना, सजाकर लिखना एक कला है, जो तुममें है"। धन्यवाद पापा मुझमें ये विश्वास भरने और मेरी कलम से मेरी दोस्ती कराने के लिए। काश आप लोग आज होते यहाँ और मेरी कविताओं का ये संकलन आप खुद से देख पाते, पढ़ पाते!

यूँ तो हर वो शख़्स जो मेरी ज़िंदगी में आया है उसने किसी ना किसी रूप में मेरे तज़ुर्बों में रंग भर मेरी कविताओं को सशक्त किया है, पर वो कुछ ख़ास लोग जिन्होंने पग-पग मुझे आगे बढ़ने का साहस दिया है, उनमें सबसे पहले मैं नाम अपने पति, श्री प्रभात शरण जी का लूँगी।

हमसफर का पर्याय हैं मेरे पति! जब भी मेरा हौसला डगमगाया है उन्होंने बिना कुछ पूछे, बिना कुछ कहे मेरी हर मुश्किल, हर परेशानी को हल करने का पूरा जिम्मा अपने सर लिया है। उनकी मदद के बिना ये संकलन आप लोगों तक लाना मेरे लिए अकल्पनीय था!

मेरी बेटियों श्रृंगार और श्रुति ने भी हर कदम पर मुझे बढ़ावा दिया है! एक वक़्त होता है जब हम अपने बच्चों को सँभालते हैं, उन्हें उत्साहित कर जीवन में आगे बढ़ने का रास्ता दिखाते हैं और यही बच्चे जब बड़े हो जाते हैं तो जाने कैसे तराज़ू का पलड़ा उनकी ओर झुक जाता है और वो हमारे मार्गदर्शक बन जाते हैं। सच है, बेटियाँ बड़ी हो माँ की पक्की सहेलियाँ बन जाती हैं!

दोस्ती को नेमत कहते हैं और मेरे कुछ ख़ास दोस्तों का मेरे जीवन में काफी योगदान रहा है! मेरी सखी 'मीरा'.... बहुत पहले मैंने एक खत लिखा था उसे! उस खत में लिखे

मेरे अल्फ़ाज़ों से वो शायद आज तक जुड़ी हैं। मुझे आज भी याद है जब भावुकता से विभोर हो उसने भींगी नज़रों से मुझे देखकर कहा था "रश्मि तुम एक किताब ज़रूर लिखना, तुमने जैसे मेरे दिल को छुआ है, वैसे ही अपने पाठकों का दिल तुम ज़रूर छू लोगी, ये विश्वास है मुझे"! तुम्हारे उसी विश्वास की डोर थामे आज अपनी कविता संकलन को सामने लाने की हिम्मत कर पा रही हूँ मीरा, तुम्हें तहे दिल से धन्यवाद्।

कुछ और लोग भी हैं जीवन में जिनको धन्यवाद दूँगी, मेरे स्कूल के साथी संजीव शेखर, जो खुद दो किताबों के लेखक हैं! उन्होंने मेरा हर संभव मार्गदर्शन किया, उनका बहुत आभार!

मैं बहुत आभारी हूँ श्री कुणाल वर्मा जी (रेसिडेंट एडिटर, हिंदुस्तान) का, जिन्होंने

साहित्य और फ़िल्म जगत के लोगों से ना सिर्फ मेरा परिचय कराया बल्कि उन्हें मेरी कविताओं से अवगत करा इस संकलन के लिए उनकी प्रतिक्रिया भी प्राप्त की।

मेरा समस्त परिवार और वो सारे मित्रगण जिन्होंने मेरी अधपकी रचनाओं को पढ़ा, सराहा और मुझमें विश्वास जगाया, आप सबको मेरा दिल से आभार और प्यार। मैं पूरी कोशिश करूँगी कि आप सबके विश्वास पर खरी उतरुँ!

रश्मि शरण

अनुक्रमणिका

"सच माँयें भी अजीब होती हैं!
हर बात को पेट से जोड़ती हैं!
दुनिया भर की कहानियाँ सुना दो,
पर "कुछ खाया क्या", पहले यही क्यूँ पूछती हैं!
सच माँयें भी अजीब होती हैं !!"

रश्मि

Rashmi

कैसे कहूँ

आजकल की लड़कियों के जज़्बे की कायल मैं, अपनी बेटी और जाने कितनी ऐसी बेटियों के हिम्मत को सलाम करती हूँ! कैसे कहूँ मैं कि वो मेरे जैसी है, बल्कि मुझे तो उस जैसी बनने की चाह है!

कैसे कहूँ,
तू बिल्कुल मेरे जैसी है!
कैसे कहूँ,
तू मेरी परछाईं है!

कल-कल बहती नदी तू,
मैं तालाब के ठहरे पानी सी!
तू बनाती इमारतें ख्वाबों के,
बाँधती पुल इरादों के!
मैं खुश अपनी मरीचिका में,
लक्ष्मण रेखा में!
जीवन की आदत ओढ़े,
बरसों से!

तू चलती मिला, कंधे से कंधा,
समाज के!
लड़ती, बढ़ती, उभरती, चमकती!
अपने शर्तों पे जीती!
मैं कैद बेबस बंधी,

रूढ़िवादी कवायदों में!
मेरा ही अंश है तू,
साँसें भी मुझसे मिली हैं!
पर कितनी अलग, कितनी बहादुर,
कितनी कर्मठ,
हौसलों से भरी!
तू दुर्गा, तू स्वरा, लक्ष्मी तू!
कभी चंडी, कभी काली तू!

बेटियों का ऐसा रूप,
कभी सोचा था हमने?
ख्याल किया था कभी,
ऐसी विरांगनाओं का स्वरूप?
सारे मापदंड बदल डाले,
बदल डाला बेटियों के होने पर
उठने वाला हूक!

कैसे कहूँ,
मैं बिल्कुल तुझसी बनना चाहती हूँ!

कैसे कहूँ,
मुझे अपनी परछाईं बना ले!!

किसुना

किसुना को नौकर कहने की गुस्ताख़ी मैं आज भी नहीं कर सकती!
उन दिनों, अमूनन हर परिवार में एक न एक ऐसे किसुना या किसुनी ज़रूर होते थे। हम सबने अपने अपने बचपन में इनकी उपस्थिति दर्ज की है, कभी ननिहाल तो कभी ददिहाल में। ये कहने को भृत्य होते थे पर हर विषय में इनकी अपनी एक ठोस राय होती थी जो ये पुरज़ोर तरीके से सबके सामने रखते और अपनी नाराज़गी दिखाने में भी पीछे नहीं हटते थे। घरों में इनकी बात का महत्व होता था, मान आदर होता था। बहुयें पाँव भी पड़ती थीं इनके और बच्चे पूरी इज़्ज़त देते थे।
कहाँ मिलते हैं अब ऐसे भृत्य और ऐसे मालिक। वो ज़माना और था!

बचपन की जाने कितनी यादों में समाया,
एक था किसुना!
गाँव का वो मुँहलगा, निरंकुश, मनमौजी भृत्य!
दादी घर का पुरातन घरेलू नौकर!
जाने क्यूँ सब उसे झिझि गाड़ी बुलाते थे,
रेलगाड़ी से उसका आकर्षण जान शायद!
वो अष्टवक्र शरीर,
वो तिरछी भेंगी नज़र,
नज़र नहीं उसे खुर्दबीन कह सकते थे!
हर छोटी बड़ी बात को किस ख़ुफ़ियाई से दादी के कानों तक ले जाता!
किस बहू ने सर के पल्लू को कब ढुलक जाने दिया,
किसकी लोलुप जिव्हा ने चूल्हे पर चढ़ी तरकारी को चख जूठा कर दिया,
किस पनिहारिन ने दो बाल्टी पानी कम भरा,
गाँव का बनिया किन-किन चीजों में मिलावट करता है,
तराजू की बाट किस ओर से ज़्यादा घिसी है,

सब खबर थी उसे!
हमारे दादाजी के ज़माने का था किसुना!
उनकी ब्याह में नाचा था वो,
तभी हेंकड़ी लिए घूमता था!
दादी तक की बात पर मुँह बिचका चल देता,
पर जब अलमस्त हो,
सधे गले से भोजपुरी गीत गा लोगों को मंत्रमुग्ध कर देता,
तब दादी भी अपनी सारी शिकायतें भूल,
उसे अठन्नी का इनाम दिए बिना ना रह पातीं!

छुट्टियों में गाँव जाने का शायद सबसे बड़ा आकर्षण था,
किसुना!
कभी तो वो बेहद भला लगता,
जब नई बियाई बछिया को धकेल,
गईया के थन से लगे हमारे खुले अधरों में,
दुग्ध की बौछार करा हमें तृप्त कर देता!
या कभी माँ से छुपा,
हमें गाँव के इकलौते पोखर में डुबकियाँ लगाने देता!
कभी कच्चे आम की एक एक फाँक का बँटवारा, बड़ी मुस्तैदी से करता!
तो कभी अपनी बेढंगी नाच दिखा हमें हँसा-हँसा लोटपोट कर देता!
पर अगले ही क्षण, हमारी ननिहालों पर ताने कस,
हमारी मामियों, मौसियों का मज़ाक बना,
अपनी पोपली हँसी से हमारी मज़्ज़ा दग्ध कर जाता!
शिद्दत से छुपाई हमारी एक-एक शैतानी की चुगलखोरी कर,
बिना बात हमसे बैर मोल लेता!
कभी मुँह पर कालिख लगा हम बच्चों को बेहद डरा भी देता!
फ़िर तो सारे भाई-बहन एक हो, उसे सबक सिखाने की साजिशें रचते,
उसकी खैनी की जगह घाँस फूँस रख देते,

जब वो मुँह खोल घनघोर खर्राटे ले सो रहा होता,
हम कभी मिर्ची तो कभी इमली उसके मुख में डाल भाग खड़े होते!
फिर देर तलक उसकी बड़बड़
हमें गुदगुदाती रहती,
तकिये में मुँह छुपा हम घंटों खिलखिलाते!

दुश्मनी का ये अदद सिलसिला दोनों ओर से बराबर चलता,
कभी उसकी शह, कभी हमारी मात!
कभी वो जीतता कभी हम!
कभी वो हँसता कभी हम!
पर बात हमारे बीच ही रहती,
कभी बड़ों के कानों तक ना पहुँचती!
हम खुद अपना खाता खोलते,
फ़िर बारी बारी हिसाब चुकता करते!

ऐसे ही जाने कितनी छुट्टियों को मनाते,
हम कब बड़े हो गए पता ही ना चला!
किसुना के प्रति हमारी खीज़, चिढ़,
चुपके से कब अपना स्वरूप बदल गई याद नहीं!
उसे देखने-समझने का हमारा बचकाना नज़रिया जाने कैसे परिपक्व होता गया!
कब हमने उसको चिढ़ाना बन्द किया,
कब उसे कोई हल्की चीज़ थमा भारी भरकम सामान हम खुद
उठाने लगे, कुछ याद नहीं!

पढ़ाई-लिखाई बढ़ी तो गाँव जाना भी कम होता गया!
किसुना को घर-भार सौंप, दादी अब हमारे पास ही रहने लगीं,
गाँव जाने की वजह ही ना रही कोई फ़िर,
अपनी बड़ी दुनिया में मस्त, हम सारे भाई-बहन,
अब जब मिलते तो बातें गाँव और किसुना की मोहताज़ कहाँ रहतीं!

फिर जब ताऊ जी की लड़की की शादी में सब मिले,
तब पता चला,
बेहद बीमार है किसुना!
शायद अब अंतिम घड़ी है!
ताऊजी उसे शहर लिवा लाये थे,
उसका हमारे सिवा था ही कौन!
जिस बालक के टेढ़े मेढ़े शरीर को देख,
माता-पिता ने जन्म से ही त्याग दिया हो,
उस अभागे को शायद किस्मत
इसीलिए हमारी देहरी पर ले आई थी!
एक भरे पूरे-परिवार को उसने अपनी पूरी ज़िंदगी,
अपनी पूरी निष्ठा दे दी!
जाते जाते भी उसने दीदी की शादी संम्पन्न हो जाने का इंतज़ार किया,
कोई विघ्न ना डाला!
बिटिया और नवेले दूल्हे को आशीर्वाद देता,
इशारे से पापा से पैसे माँग,
पाहुना को ग्यारह रुपये का शगुन देना भी ना भूला!

बस, बारात के जाते ही किसुना को विदा करने की बारी आ गई!
अश्रुपूरित नज़रों से हमने अपने झिझि गाड़ी को विदा किया!
कैसे उसने जाने का ये वक़्त चुना?
तब, जब उसका पूरा परिवार उसके चारों ओर था!
एक अंतिम बार हमें हँसा के, रुला के,
हतप्रभ कर,
हमेशा के लिए चला गया,
हमारा किसुना!!

बुनकर हूँ

जैसे कपड़ों का बुनकर कपड़े बुनता है, वैसे ही किस्से, कहानियाँ और कविताएँ भी बुनी जाती हैं। अपने ही आस-पास से चुनकर, उन्हें मख़मली लफ़्ज़ों में लपेट, रंग-रोगन लगा, सजाकर पेश करते हैं।

बुनकर हूँ,
कहानियाँ बुनती हूँ!

खुद से, आपसे,
हम जैसे जाने कितनों से,
ज़िन्दगी के तारों को ले,
किस्से-कहानियाँ बुनती हूँ!

बुनावट कभी महीन,
कभी खुरदुरी होती है!
कभी ज़मीनी,
तो कभी आसमानी होती है!
कभी ये ख़ुद में हमें जोड़ लेती हैं,
कभी हम ख़ुद इनसे जुड़ जाते हैं!

बुनकर हूँ ,
कहानियाँ बुनती हूँ!

अनदेखे, कुछ खामोश सपने,
अनकही, कुछ रूठी सी बातें,
अनगिनत दबी चाहतें,
अनजानी रुबाईयाँ,
गिने-चुने चंद नग़में,
रत्ती भर रुसवाईयाँ,
सबको, एक ही धागे में पिरोती हूँ,
बुनती हूँ, सुनती हूँ!

बुनकर हूँ!
कहानियाँ बुनती हूँ!

आहों की सीलन कभी,
सिसकियों की बारिश,
रंजिशों की तेज़ धूप,
मुस्कान की नरम ठंडी बयार कहीं,
बौराई सी खुशी कभी,
पगलाई सी हँसी कोई,
सब चुन लाती हूँ,
झाड़ पोंछ करीने से सजाती हूँ,
रंगों की बौछार से थोड़ा रंगीन बनाती हूँ!

बुनकर हूँ,
कहानियाँ बुनती हूँ!

पिता का लाड़ कभी,
माँ की मीठी झिड़कियाँ,
भाई-बहनों की ठनक कभी,
देवर-भाभी की ठिठोलियाँ,
सास-ननद के ताने कभी,
प्रियतम के छुअन सी सिहरन वाली रातें भी,
कभी बच्चों के पालने की चरमराहट,
तोतली बोली किलकारियाँ कभी,
मातम भरे चीत्कार,
मर्माहत हारे तन-मन कभी!
सबकुछ बटोर लाती हूँ,
सलाई दर सलाई,
फंदे डाल बुनती जाती हूँ!

बुनकर हूँ,
किस्से-कहानियाँ बुनती हूँ!

खुद से, आपसे,
हम जैसे कितनों से,
ज़िन्दगी के तारों को ले,
कहानियाँ बुनती हूँ!

बुनकर हूँ,
किस्से-कहानियाँ बुनती हूँ!!

Rashmi

माँ का पागल मन

जब मैं बेटी थी तो माँ से अक्सर पूछती, क्यूँ करती हो इतनी चिंता मेरी! आज माँ हूँ! अब बेटी पूछती है, वही सवाल! माँ के मन को वो तब ही समझेगी, जब खुद माँ बनेगी!

माँ का मन,
माँ का पागल मन!

कैसे ना करूँ तेरी चिंता,
कैसे ना पूछूँ तेरा हाल!
क्या खाया, कहाँ हो,
यह कोई हिसाब नहीं,
किसी कैफ़ियत की
आस भी नहीं!
अपना बड़प्पन जताने का,
कोई तरीका भी नहीं!
फिक्र है तेरी बस,
और कुछ भी नहीं!

जिसके आने की पहली दस्तक,
माँ ने ही सुनी हो बस,
पहला स्पंदन, पहली करवट!
माँ ने अपने अंदर ही
महसूस किया हो!

उस जन्म नाल को,
माँ कभी काट पाती है क्या?
मीलों की दूरी से,
इस नज़दीकी का,
कोई रिश्ता भी है क्या?

भूख प्यास,
चोट में निकली बेशब्द चीख,
कैसे महसूस कर जाती हूँ!
बताओ ज़रा!
सपनों के चटख़ने की गूँज,
कौन पहनता है,
पहले-पहल कानों में,
सोचा है कभी!
आवाज़ की तराजू के बटखरे,
किन बातों पे ऊपर नीचे हैं,
मुझसे छिपा पाती हो क्या?
तुम्हारी मायूसी समझने में,
कितने पल लगे हैं मुझे!
फ़ीकी हँसी से कभी
ठग पाती हो मुझे क्या?

पर तुम मन भारी मत करना,
ये तो हर माँ की व्यथा है!
माँ के आँसू कभी सूखे हैं क्या?
बिन मौसम बरसात हैं ये,
खुशी या गम कभी रूके हैं क्या?

जो बोया है वही तो पाऊँगी!
अब समझ आता है!
अपनी जननी को
कम रुलाया है क्या!
यही तो समय चक्र है बिटिया!
जले अपने बच्चों के लिए तू भी दीपक सी,
आशीष है पगली!
अपने बच्चों को कभी,
माँ बद्दुआ देती है क्या?

ज़िन्दगी की किताब

साल के आख़िरी दिन,
हर दिल में जाते साल के बीतने की कसक तो उठती ही है। कितना कुछ भी करो पर कुछ ना कुछ कम पड़ ही जाता है! कहीं कोई ख़्वाहिश, कोई कमी, कहीं कोई मलाल रह ही जाता है।

जिंदगी की किताब का एक और पन्ना,
पढ़ा-अनपढ़ा पलट गया!

इस रफ़्तार भरी जिंदगी को,
पीछे मुड़कर देखा,
कितने लोग, कितनी बातें,
आधे अधूरे, कच्चे-पक्के सपने!
बनते-बिगड़ते, गिरते-सम्भलते,
टूटते-बिखरते रिश्ते!
हर शय अधूरा,
मुकम्मल कुछ भी नहीं!
बचपन की बनाई कोई अधूरी तस्वीर!
अधपढ़ी, औंधी पड़ी किताब हो जैसे,
मुड़े-तुड़े लकीरों वाली,
पन्ने सारे इधर-उधर!

समय की मुट्ठी से,
रेत सी भरभराकर गिरती ज़िंदगी!
कुछेक चीजें, कुछेक लोग,
बस गिनती भर की बातें हैं,
जो लगता है सही किया है,
सही हुआ है, सही गुज़रा है!

ज़िंदगी;
बचपन की गलियों से भागती,
यौवन की दुरूह रानाइयों में फिसलती,
व्यस्क होती!
कच्चे रास्तों में पकती,
प्रौढ़ धरातल से टकराती,
वृद्धावस्था की गहरी काली खाई के अनंत में विलीन होने को तत्पर!
समय की लपलपाती जीभ सबकुछ चट् करने को आतुर!

ज़िंदगी की किताब का एक और पन्ना
पढ़ा-अनपढ़ा पलट गया!!

एल्बम

एक एल्बम में सिर्फ तस्वीरें नहीं होतीं, बल्कि वो तो पूरा का पूरा एक भंडार है यादों का। जाने कितने लोगों से मिल लेते हैं वहाँ हम!
तो चलो आज खोलें अपनी पुरानी धूल खाती एल्बम और मिलें ख़ुद से और अपनों से!

पुराना जर्जर इक
एल्बम मिला आज,
पुरानी सी इक आलमारी में!
फटी हुई ज़िल्द को बड़े एहतियात से खोला,
कुछ पुरानी तस्वीरों से रूबरू हुई,
मीठी बयार सहला गई, हौले से मानो!
यादों का पुलिंदा थमा गई हर एक तस्वीर!
सब कुछ छोड़-छाड़ कर वहीं बैठ गई!

ये मैं हूँ, ये हम हैं!
समय के जादूगर ने क्या जादूगरी दिखाई है!
सलवटें कागज़ों पर दिखीं,
उनसे झाँकते चेहरे चिकने थे!
आज पन्ने चिकने हैं, सिलवटें सारी चेहरों पर हैं!
माँ, पापा, दादी, सभी तो हैं यहाँ,
हँसते-मुस्कुराते,
अपने ना होने के एहसास को झुठलाते!
छोटी सी मैं!

पापा की गोद में मचलती सी मैं!
गर्वीली सी मुस्कान लिए,
स्कूल के परेड की कतार में खड़ी मैं!
सरस्वती पूजा की पंडाल में,
माँ की साड़ी और ढीली सी इक ब्लाउज पहने,
लजाती सी मैं!
कॉलेज की कैंटीन में
दोस्तों के संग,
गरम चाय की प्याली और बेबाक़ मुस्कान लिए मैं!
शादी की बात पे शर्माई सी,
दादी की गोद में मुँह छुपाती मैं!
राखी की थाली और उसमें पड़े चंद नोट,
दोनों भाइयों के बीच खड़ी,
अपनी ऐंठ दिखाती मैं!
रूठी छोटी बहन को मनाती, चिढ़ाती, गुदगुदाती मैं!

अरे, ये मासी की शादी की तस्वीर है शायद!
हाय! माँ कैसी सलोनी सी सजी हैं,
और साथ खड़े हैं मेरे बाँके पापा,
अपने ख़ास रोबीले अंदाज़ में!
माँ के कंधे पर हाथ धरे,
मुस्कुराते!

और ये हमारा पूरा परिवार,
छुट्टियों के मज़े लेता हुआ!
वो समंदर में भैया का पानी में छुप कर बार-बार हमें डराना,
और फ़िर बड़ी सी एक लहर के साथ उनका ख़ुद औंधे मुँह गिर जाना!
हमारा हँस-हँस कर लोट पोट हो जाना!
सारी यादें ज्यों के त्यों दर्ज़ हैं यहाँ!

नाना-नानी, मामा-मामी, ताऊजी, चाचा-चाचियाँ,
बुआ, पड़ोस की लता भाभी,
अचार के मर्तबानों को धूप दिखाती गुस्सैल ताई,
हमें हिदायतें देती हुईं,
पर कैमरे को देख सकपकाई सी!
जाने कौन-कौन लोग हैं, इस फटी पुरानी एल्बम में!
कितने भूले बिसरे चेहरे हैं!
पीले पन्नों से झाँकती,
सफेद चमकीली हँसी!
अब पन्ने सफेद हैं,
पर चेहरे धुँधला से गये हैं!

एल्बम क्या है,
ख़ज़ाना है गुज़रे वक़्त का!
समय की गीली रेत पर कितने पैरों के निशाँ मिले,
कुछ बिल्कुल ताज़े से हैं,
मानो अभी-अभी उकेरा हो किसी ने,
और कुछ धूमिल पड़े हैं, उदास,
अपने होने की ताक़ीद करते से!
बरबस अपनी ओर बुला ये बताते हुए,
के हम थे तुम्हारी ज़िन्दगी में कभी!
गुज़रे थे तुम्हारे आस-पास से हम भी!

तेज़ रफ़्तार भागती इस ज़िन्दगी को मानो,
किसी ने रिवर्स गियर लगा दिया हो!
मेरी पूरी ज़िंदगी दर्ज थी इस जर्जर पड़े एल्बम में!
खुले पन्नों को हौले से बंद कर,
बड़े स्नेह से इसे सहलाया!

गालों पे ढुलक आये दो बूँद आँसुओं को पोंछ, बड़ी
जतन से सहेज इसे वापस वहीं रख दिया!
मन यकायक बिल्कुल हल्का सा हो गया,
प्रफ़ुल्लित!
मानों, दिलो दिमाग पे पड़ी गर्द को धो पोंछ दिया हो,
इस एल्बम की चंद धूमिल, गर्द खाती तस्वीरों ने,
और उसमें दर्ज़ उन पुरानी यादों ने!

पुराना जर्जर इक एल्बम मिला आज,
पुरानी सी इक
अलमारी में!
गीली रेत पर, पैरों के निशाँ हों जैसे!!

"तुम भूल जाओगे,
ये दिन महीने साल!
जैसे मैं भूल गई,
जैसे सब भूल जाते हैं,
कुछ एक पल याद रहेंगे तुम्हें,
कोई लम्हा फ़ुर्सत का,
कोई किस्सा पुराना सा !

तुम भूल जाओगे !!"

रश्मि

Rashmi

बूढ़ा दरख़्त

ये कविता आपको अपने घर के किसी ऐसे बड़े-बूढ़े की याद दिला जाए शायद, जिन्हें हम अक्सर अनदेखा कर जाते हैं ये सोचकर कि इन्हें कहाँ जाना है, यहीं तो रहना है, मिल लेंगे कभी इनसे भी, कर लेंगे दो बातें जब वक़्त मिलेगा तब। और एक दिन वो चुपचाप चले जाते हैं। हमें उनके होने की एहमियत ही तब समझ में आती है, पर तब तक बहुत देर हो चुकी होती है!

तुम कोई सौ साल के रहे होगे तब,
जब उस पार्क में पहली बार गई थी!
गुलाबी लेस वाली वो पीली, नई फ्रॉक पहने,
ठुमकती इठलाती मैं,
तुम्हारी विशाल शाखाएँ देख सहम सी गई थी,
माँ की आँचल में छुपती सी,
तुम्हें देर तक ताकती रही थी!
खुशनुमा सी शाम का झुटपुटा सा वो नज़ारा,
थके-हारे कलरव करते पंछियों को पनाह देते तुम,
तब उतने रोबीले नहीं लगे!
तुम्हारे सूखे हरे पत्तों ने, मुझपर अपनी बौछार कर
मेरे बाल्य मन को जीत ही लिया!
दिन डूबे हम घर लौटे,
मेरी नई फ्रॉक के इक कोने में फँसी तुम्हारी एक मुलायम सी हरी पत्ती,
मेरे साथ मेरे घर ही चली आई थी!
माँ की नज़र बचा कर उसे अपनी एक कॉपी में दबा दिया था!
उस शाम की धरोहर को फेंकती कैसे!!

फिर तो जब तब तुमसे मिलने लगी,
तुम्हारी जड़ों पे बैठ मैंने जाने कितने खेल रचे,
कितनी कही-अनकही बातें की तुमसे मैंने!
उम्र के सोलहवें पड़ाव पर,
मेरी सिसकियों को तुमने ही सुना था ना!
तुम्हारे खुरदुरे मुलायम तने से लिपट,
जाने कितनी बार रोई मैं!
मेरे सारे राज़ खुद में जज़्ब किये,
तुम खड़े रहे, अटल!
अपनी पीली हरी पत्तियों को
मुझपर बरसा कर,
जाने कितनी बार स्नेहसिक्त किया तुमने!

वक़्त बदलता गया,
साथ मुझे भी आपादमस्तक बदल गया!
मेरा उधर आना भी कमतर होता गया!
कितना कुछ था करने को,
कितने साथी, कितने सपने,
और वक़्त बारीक़ रेत सा,
उँगलियों से फिसलता गिरता!
हाँ, कभी गई उधर दोस्तों के साथ,
तुम्हें दूर से देखा भी,
कुछ बुझे से लगे तुम,
थोड़े बूढ़े से, टेढ़े-मेढ़े से लगे,
टहनियाँ झुकी सी लगीं,
मन थोड़ा चोर सा हो गया,
नज़रें चुरा कर चली आई!
फ़िर अपनी दुनिया में मस्त हो, तुम्हें भूल सी गई!

ज़िन्दगी आगे, और आगे को बढ़ती गई!
घर गृहस्थी, रिश्ते नातों में,
ससुराल पीहर के रास्ते नापती,
पति के प्रेम की चाशनी में सराबोर,
बच्चों की तोतली बोली की घुरनियों में घूमती,
तुम्हें कब का भूल-भाल गई!

समय और तेजी से भागा,
बच्चे चल पड़े अपनी दुनिया बनाने!
जब मन का आँगन सूना पड़ा,
फ़िर याद आई तुम्हारी,
एक बार!
अबके जब मायके गई,
भाभी ने मेरी पुरानी किताबों-कॉपियों का गट्ठर थमा दिया!
हँस पड़ी,अपनी ही लिखावट देख!
एक कॉपी में दबी वो सूखी सी पत्ती मिली!
गुलाबी लेस वाली पीली फ्रॉक,
शाम का वो झुटपुटा मौसम,
सब याद हो आया!
तुम याद आये,
तुम्हारा खुरदुरा मुलायम तना!
तुम्हारी पीली हरी पत्तियाँ!

भाग कर मुहल्ले के उस पुराने पार्क में आई,
तुमसे मिलना था,
तुम्हें छूना था,
तुम्हारे गले लग रोने को
मन कबसे तड़प रहा था,
तब समझी!

पार्क खूब सजा था,
नइ क्यारियों में रंगीले फ़ूल!
सुंदर सुहाने से फूल!
तुम्हारी टहनियाँ तो दूर से दिखती थीं?
कहाँ हो तुम?
लुका-छुपी खेल रहे हो क्या मुझसे?
या नाराज़ हो?
तुमसे लिपट माफी माँग लूँगी!
तुम विशाल हो,
माफ़ कर दोगे,
विश्वास है मुझे!
पर तुम हो कहाँ?
सब कुछ यूँ बदला सा क्यूँ है?
हर तरफ़ का नयापन साल रहा मुझे!
निगाहें उन हरी पीली पत्तियों की बरसात करते दरख़्त को,
ढूँढने में लगीं हैं, बेतहाशा!

बदहवास सी मुझे यूँ गोल-गोल घूमती देख,
माली ने सबब पूछा,
बोलते मेरी आवाज़ भर्रा गई!
मानो, मेले में कोई अपना बिछुड़ गया हो,
और लाख बुलाने पर भी, सुन ना रहा हो!
माली ठठाकर हंसा!
बोला, कब की बात करती हैं,
वो तो सालों पहले काट दिया हमने!
दीमक लगा, बरसों पुराना,
बूढ़ा पेड़ था!
उस साल सर्दियाँ बहुत पड़ी थीं,

उसे राख़ कर कितनों को बचाया हमने!
सन्न सी बैठ गई!
हमेशा सोचती रही,
तुम हो, हमेशा रहोगे!
जब ज़रूरत पड़ेगी,
रो लूँगी तुमसे लिपट कर!
भींग जाऊँगी तुम्हारी हरी पीली पत्तियों की बारिश में!
तुम तो सौ साल पुराने थे,
तुम कहाँ जाने वाले थे!
तुम्हें तो यहीं रहना था,
जाना कहाँ था!

तुम कोई सौ साल के रहे होगे तब,
जब इसी पार्क में मैं पहली बार तुमसे मिली थी!!

सुगम राह

अटल बिहारी जी के निधन पर मन इतना विचलित और व्यथित हो चला था कि कब कलम हाथ में आया और कब मन की व्यथा इस कविता के रूप में आपके सामने आ गई, कुछ होश नहीं! मन में कुछ आक्रोश भी था। ऐसे महापुरुष की विदा बेला पर इससे निर्मल और पवित्र श्रद्धा सुमन और क्या हो सकता है!

सुगम राह वो निकल पड़ा है,
साँसों का अब बोझ नहीं!
बैराग्य को समझ सका जो,
करे निधन पर शोक नहीं !

देह अंत गर व्यथित करे तो,
चैतन्य अंत यूँ सरल है क्यूँ?
जन्म के जब संगी हैं दोनों,
फिर दुरूह ये संगम क्यूँ?

समझ सका है कोई क्या,
अश्रु की इस भाषा को!
गत विगत की बात छोड़ दो,
समझो इस परिभाषा को!

एक युग का अंत बताते,
तभी लुभावनी लगती क्यूँ?
रीत जाता जब उम्र का प्याला,
तभी सुहानी लगती क्यूँ?

रुग्ण है मानसिकता सारी,
दग्ध हृदय लिए फिरते हैं,
निर्मल कोमल कृतियाँ तेरी,
लब लब पे अब तिरते हैं!

खड़ी दीन हीन मानवता जब,
तब तो हम सब सोये थे,
अब की चिंता किये बिना बस,
भोग विलास में खोए थे!

आज विदा की इस बेला में,
इतना वचन दिए जाओ,
जब भी वापस आना हो तो,
इसी धरा पर फिर आयो!

जब भी वापस आना हो तो,
इसी धरा पर फिर आओ!!

पागल

छोटी सी थी। बस से स्कूल जाती थी। बस के पड़ाव पर दिखता था वो मुझे। सब उसे पागल कहते थे। सब डरते थे उससे और मैं भी। पर क्यों मेरा बाल्य मन उस ओर खिंचता था, पता नहीं! आज इतने सालों बाद भी उसे भूल नहीं पाई हूँ। नहीं भूल पाई हूँ समाज की हृदय हीनता। ज़िंदा इंसानों के लिए बेरुख़ी, तिरस्कार और मरे हुए पर दिखावटी आँसू और पैसों को लुटाना। ये दोगलापन मुझे अब भी समझ नहीं आता!

पहली नज़र में वो बूढ़ा लाचार भिखारी,
पागल सा ही लगा!
फटेहाल कपड़े, बेतरतीब बाल,
तार-तार होती सूती चादर ओढ़े,
मैला-कुचैला सा एक झोला,
झोले से कभी कुछ निकालता,
कभी कुछ सहेजता,
टूटे शीशे में खुद को निहारता,
छोटी सी कंघी निकाल गिने-चुने बालों को सँवारता,
कुछ गुनगुनाता, कुछ बुदबुदाता,
कभी धम्म से जमीन पर बैठ,
कुछ अटपटा सा गाने लगता!
सचमुच पागल था क्या?

हम बच्चों को इशारे से बुलाता,
हमें डर से भागते देख खिलखिलाता!
माँ कहती, पास ना जाना,

पर मन बरबस उसकी ओर खिंचता!
स्कूल से आते, जानबूझकर बचाई रोटी उसकी तरफ फेंकती,
लबालब भरी कृतज्ञ आँखें,
दिनों तक मेरा पीछा करतीं!
तब पागल नहीं लगता!

उस साल सर्दियाँ कुछ ज्यादा पड़ीं!
रोज़ उसे ठिठुरते देखती,
रद्दी जला, थोड़ी सी गरमाई पाने की उसकी कोशिश देखती,
नानाजी की गरम चादर चुरा,
उसे देने की साजिशें रचती!

ना कुछ चुरा पाई,
ना ही उसे कुछ दे पाई!

चौक पे लगी भीड़ में घुस,
पहली बार उसे इतने करीब से देखा!
उस चेहरे को सहज में भूल पाऊँगी क्या?
मौत इतनी वीभत्स होती है क्या?
मौत इतनी शाँत होती है क्या?
उन खुली आँखों में नमी थी क्या?
या उन्माद था शायद!
प्राणों से प्रिय मैला थैला,
छाती से अभी भी लगा था!
भीड़ अफसोस करती दिखी,
लोग पैसे फेंकते,
हाथों को माथे से लगाते दिखे!
जिंदगी में पाई-पाई को तरसता इंसान,

यकायक तमाशा बन गया!
नानाजी अपनी गर्म चादर उसे उढ़ाते दिखे!
उनकी उस व्यर्थ की उदारता को मेरा बाल्य मन,
कभी समझ ना पाया!
आत्मा ठिठुरती रही,
पार्श्व शरीर पर गरम कपड़े बरसते रहे!!

वैसा ही एक ठंडा अंतर्मन लिए
घर वापस आई!
पागल कौन था,
आजतक समझ नहीं पाई!!

Rashmi

तेरा मेरा साथ

हमसफ़र सा ख़ूबसूरत साथी कोई हो ही नहीं सकता ज़िन्दगी में। मेरे पति, मेरे हर सुख-दुःख के साक्षी मेरे साथी के नाम, मेरा ये पैगाम!

तेरा मेरा साथ,
हर पल का साँझा है!
रिश्तों की डोर है,
प्यार का माँझा है!

यौवन की अलमस्त अंगड़ाई लेते,
तन-मन पर,
परछाईं तक बर्दाश्त नहीं!
फिर नितांत अपरिचित अजनबी से
कैसे जोड़ता जन्मों का साथ,
सिंदूर का एक कतरा है!!

कैसा खेल रचा ये विधाता ने!
कितना अद्भुत, कितना पवित्र!
चादर की गाँठ से बँधे,
दो जिस्म दो दिल!
साथ जुड़े कितने रिश्ते,
पतंग और डोर हों जैसे!
जाना कहाँ है?
थोड़ा मुझे उड़ना है,

थोड़ा तुम्हें!
मैं दूर निकल जाऊँ,
तुम बुला लेना,
तुम ना दिखो,
मैं खींच लूँगी धागे!

धूप-छाँव सा मेल है बस!
जेठ की तपती दुपहरी कभी,
कहीं ठंडी बयार सहला जाए जैसे!
सूखी प्यासी धरती कभी,
रिमझिम फुहार कहीं!

अनगिनत नोंक-झोंक,
मान मनुहार,
लाड़ दुलार!
यूँ तो हर पल का साँझा है,
रिश्तों की डोर है,
प्यार का माँझा है!

तेरा मेरा साथ,
हर पल का साँझा है!
रिश्तों की डोर है,
प्यार का माँझा है!

मायका

कहते हैं मायका तब तक ही है जब तक माँ-पिता का साया सर पर है, सही कहते हैं। मायका बिन माँ के कुछ भी नहीं। एक तड़प जो भीतर है वो आज पन्नों पर उकेर दिया है। हर लफ़्ज़ दिल से निकला है!!

मायके की बातें जब होती हैं,
मन मार के चुप बैठ जाती हूँ!
था एक मायका मेरा भी!

मायका तब था जब माँ थी,
मायका तब था जब पिता थे
जब दुलार था, मनुहार था, प्यार था!
बचपन की उस देहरी पर,
जहाँ अनगिनत यादों की पोटली धर आई थी,
धरोहर संभालने वाली जननी, वहीं कहीं छोड़ आई थी!
और छोड़ आई थी अपने वो तमाम रिश्ते
रिश्ते,
जिनमें रच बस मैं बड़ी हुई थी!
जिनसे मैं, मैं बन पाई थी,
जो कभी मेरे इतने करीब थे!
रिश्ते जो अब महज़ संबोधन में सिमटे हैं,
रिश्ते जिनमें अब दिखावा है,
रिश्ते जिन्हें अब सिर्फ निभाना है!
मायका तब था जब माँ थी,
मायका तब था जब पिता थे

मायके जब भी जाती,
माँ की एकटक नज़र,
मुझे खोजती, ढूँढती सी नज़र,
बरस पड़ने को तत्पर नज़र,
मुझे देख प्यार के उलाहने सुनाती सी नज़र,
मेरी आवाज पर उतावली हो चमकती सी नज़र,
नज़र क्या थी पूरी एक्सरे मशीन थी बस!

मेरी हर मुश्किल, परेशानी एक पल में पढ़ लेतीं!
सोने जागने, खाने पीने का हाल, कैसे चुटकियों में जान लेतीं!
मायका तब था जब माँ थी,
कोई इंतज़ार करने वाला था!
कोई इसरार करने वाला था!
अब वो सिर्फ एक मकान है,
कॉलेज की डिग्री पर छपा एक पता भर!

अब तो ना वो खोजती नज़रें हैं,
ना मनुहार से निवाले खिलाने वाले हाथ!
ना होली-दीवाली पे आने वाला शगुन,
न 'जुग-जुग जिओ' के आशीर्वाद देते, कंपकंपाते लब!

मायके की बातें जब होती हैं,
मन मार के चुप बैठ जाती हूँ!
था एक मायका मेरा भी!!

बेरहम वक़्त

दौड़ती-भागती, वक़्त के ढलान पे खड़ी, प्रौढ़ हो चली ज़िन्दगी से मेरी गुज़ारिश है ये कविता.... शायद आपकी भी हो!

ऐ वक्त थोड़ा तो रूक जा,
इतना बेरहम क्यूँ है तू?
ज़रा खुद को निहार तो लूँ,
आइने में संवार तो लूँ!

अभी तो ख़्यालों के सारे केश काले हैं!
सपनों के माथे पे झुर्रियों के बल भी तो नहीं पड़े!
चाहतों के तो दाँत भी दुधमुहें हैं अभी!

दुनिया को फिर से समझने की चाह,
अपने सोलहवें सावन का इंतज़ार हो मानो!
सखियों संग झूले पर बैठा मन,
नई ऊँचाईयाँ छूने को पेंगे लेता मन,
कल की हर मौज देखने को,
चश्मे के किसी नंबर की ज़रूरत है भला?
मन का तन से कोई रिश्ता भी है भला?
तन पड़ा रहता है, उम्र के चक्करों में,
दुनियादारी के लेन-देन,
रूपए पैसों में,
बिमारी के पंजों में,
हलकान, क्लाँत!

पर ढलते शरीर के दहलीज़ पर
खड़ा तरूण मन,
बेताब है उड़ने को
आज़ाद परिंदों की मानिंद!
मन को लाठी की कैसी ज़रूरत?
जोड़ों के दर्द से इसका क्या वास्ता?
ललकते ह्दय को धड़कने के लिए,
ना चाहिए हकीम की गोलियाँ,
ना पेसमेकर की बैसाखी!

क्योंकि,
अभी तो ख़्यालों के सारे केश काले हैं!
चाहतों के तो दाँत भी दुधमुहें हैं अभी!!

"क्यूँ मुश्किल है दिल को मनाना,
क्यूँ ज़रूरी है वो हर चीज़ पाना!
क्यूँ हमेशा बस अपनी चलाते हैं,
क्यूँ नहीं थोड़ा हम ख़ुद को मनाते हैं !

क्यूँ मुश्किल है यूँ दिल को मनाना !"

रश्मि

Rashmi

एक मैं

हर इंसान के अंदर एक और इंसान है जो बेहद भोला और सुकुमार है। दुनियादारी और बाहरी छल कपट से दूर वो एक बच्चे की मानिंद मासूम है, पर वक़्त के थपेड़े सह-सह कर बाहर का इंसान ख़ुद को समय के अनुरूप ढाल लेता है और वयस्क बन जाता है जबकि भीतर का वो नाज़ुक से दिल वाला, सीधा सादा, बिना लाग लपेट वाला निश्छल इंसान ताउम्र वैसा ही बना रहता है।

एक मैं हूँ, मेरे अंदर,
एक मैं, मेरे बाहर!
अंदर का मैं,
सहमा सकुचाया,
फूलों सी कोमलता लिए!
जाने किस बात पर मुदित होता,
जाने क्यूँ मचलता?
बाहर का मैं गंभीर वयस्क,
बातों को तोलता,
सोच समझ कर बोलता,
सही गलत समझता,
पग-पग संभलता!

एक मैं हूँ, मेरे अंदर
एक मैं, मेरे बाहर!

अंदर का मैं, उम्र से परे,
हर खुशी को ललकता!
सूरज निगलने की चाह,
चाँदनी पीने की कोशिश करता!
बाहर का मैं,
ख़ुद को वर्षों में कैद कर,
समय की परिधि बनाता,
आँखों पे चश्मे चढ़ा,
बालों की सफ़ेदी छुपाता,
सलीकेदार कपड़े पहन,
अपनी ऐंठ दिखाता!
धूप से बचता!
चाँदनी से कतराता!!

एक मैं हूँ, मेरे अंदर
एक मैं, मेरे बाहर!

अंदर का मैं,
अथाह जीना चाहता!
कछुए की मानिंद चलता,
चक्र कुचक्र से बेपरवाह,
हर रस में डूबने को आतुर!
बाहर का मैं,
लक्ष्मण रेखा खींचता,
अपनी समय-सीमा जानता,
वक्त की नब्ज़ पहचानता!
पेशानी पर, अनुभव की लकीरें लिए,
हर कदम, फूँक-फूँक कर रखता!!

एक वक्त था,
जब अंदर का मैं,
और बाहर का मैं एक थे!
उम्र के हर पल, हर दिन, हर साल के साथ,
दोनों अलग हुए!
फ़िर निरंतर दूर होते गए!!
खोखलापन आता गया,
दूरियाँ बढ़ती गईं,
धीरे-धीरे, ये दो अलग
दुनिया बन गए!!

पर हर वो चीज़ जो शुरू हुई है,
ख़त्म भी तो होगी कभी!
ये दूरियाँ क्या चिरकाल तक रहेंगी?
उम्र के वो अंतिम कुछ पल,
ढाह देंगी इन दीवारों को!
खत्म हो जाएँगी ये दूरियाँ!
एक हो जाएँगे फ़िर से,
अंदर का मैं,
और बाहर का मैं!!

एक मैं हूँ, मेरे अंदर,
एक मैं, मेरे बाहर!

बंदगी

ईश्वर है और यही सत्य है! पर कभी-कभी, जाने क्यूँ इंसान इस सत्य पर ख़ुद ही शक कर बैठता है! ऐसी ही एक दुविधा भरी फ़रियाद का स्वरूप है मेरी ये कविता!

जब भी हाथ उठाती हूँ,
दुआओं में!
खुद को कितना अकेला,
कितना तन्हा पाती हूँ!
तू है कहीं आसपास,
ये गुमाँ है मुझे,
पर अपने होने का,
कोई इशारा तो दे मुझे!
दिल को ये सुकूँ,
ये तसल्ली तो हो,
कि जिसे जाना है, माना है,
वो ईश्वर कहीं है तो सही!
हर ठेस पर तुझे है,
याद किया!
हर खुशी पर तेरी,
मुहर लगाई है!
हर रोज, हर पल,
तेरे ही नाम का,
इकहरा पढ़ती आई हूँ!

और कुछ नहीं तो,
अपनी लाज ही रख ले,
ऐ परमेश्वर!
मेरी बन्दगी तभी जायज़ है,
गर तू है!
अगर खाली बेमानी बातें हैं,
सुनी सुनाई,
दादी-नानी की कहानियों सी,
तो तू बस एक दंतकथा ही है!!

दिल तेरे होने का सबूत चाहता है!
अपनी तमाम मिन्नतों का हिसाब चाहता है!
तू पत्थर है ये लोग कहते हैं,
उस पत्थर में भी कोई शक्ति है,
इस बात का सूकून चाहता है!

जब भी सर झुका है मेरा,
तेरी रहनुमाई में,
और ऊँचा किया है तेरे सिंहासन को, बन्दगी ने मेरे !
अब ये तेरे हाथ में है,
ऐ परमपिता,
या तो साबित कर अपना वज़ूद,
या फिर मुझे रूसवा कर,
खुद भी पशेमाँ हो ले!!

दोस्ती की आधी रोटी

मेरी ये कविता, मेरे उन कुछ रूठे दोस्तों के नाम जो मेरे लिए आज भी उतने ही अज़ीज़ हैं।

आधी रोटी तुम रखो दोस्ती की,
आधी मेरे हवाले करो!

चलो अब लौट चलते हैं!
बातों के खंजर चुभोते,
कितनी दूर निकल आए हम!
अब और आगे नहीं जाते,
यहीं रूकते हैं, मुड़ते हैं,
वापस चलते हैं!

चलो गलतियों के गठ्ठर का,
आधा बोझ तुम्हारा,
तो आधा,
मेरे सर भी डाल दो!
पाँव के छाले धो पोंछ दिए मैंने,
दिल के घाव पे मरहम कौन मले?
आँखें नम क्या मैंने ही करी हैं,
पलकें गीली तुम्हारी भी तो होंगी!

एक-दूसरे को सदा कम ही आँका हमने,
पर अब पता चला,
जितने तीर मैंने बनाए थे,
उतने तुमने भी अपनी तरकश में बाँध रखे थे!

चलो फिर से पहली बार मिलें,
नए सिरे से जानें समझें, इक-दूजे को!
नई गलतियाँ करें,
लड़ने के नए बहाने ढूंढे!

आज नहीं तो कल,
उस लम्बे सफर पे तो
निकलना ही होगा!
उस अन्त के पहले,
एक नई शुरुआत करें!
बेमानी सी बात करें,
बेतुके से सवाल करें!

पुराने अचार को मर्तबान से निकाला,
तुम्हारी यादों की खुश्बू पाई!
चलो क्यूँ ना पुरानी पहचान को भी,
ऐसा ही रसीला, चटकीला बनाएँ!

चलो आधी रोटी तुम रखो दोस्ती की,
आधी मेरे हवाले करो!

"चलो बदल लें अपनी आँखें,
थोड़ी देर को हम!
देख सकें अपनी गलतियाँ ,
समझ सकें, परख सकें, खुद को ,
तुम्हारी नज़रों से !

चलो, मैं तुम बनती हूँ,
तुम मैं बनो!"

रश्मि

Rashmi

तुम्हें याद है भैया

भईया! जितना प्यारा संबोधन उतना ही प्यारा रिश्ता! इस रिश्ते की सच्चाई सब को ज्ञात है। अपनी ही कहानी लगेगी आपको मेरी ये कविता में!

भैया याद है तुम्हें,
बचपन की वो सारी बदमाशियाँ!
जलती दुपहरी में
चोरी-चोरी छत पर जाना,
धागे का माँझा,
वो पतंग की सपनों सी
ऊँची उड़ान!
'भुक्क काटा' चिल्लाते,
पतंग को लूटने की होड़!

याद है भैया,
मेरी गुल्लक तोड़,
सारे चिल्लड़ ले भागना!
फिर इक छोटी सी गुड़िया दे, मुझे मनाना!
वो खाने की चीज़ों का बँटवारा,
हमेशा मुझे ठग,
कुछ ज्यादा ले लेना!

याद है भैया,
देर रात बैठ डींगें हाँकना,
अपनी शेखी बघारना!
रिश्तेदारों की नकल उतार,
हँसते-हँसते, लोट पोट हो जाना!
मास्टर साहब की मार पर, इधर-उधर देखना,
किसी ने देखा क्या,
मुझसे ये पूछना!

याद है,
मुझे पहली बार
स्कूटर पर बिठाना!
माँ की हिदायतों को
दरकिनार कर,
हवा हवाई हो जाना!
मुझे लंगड़ी लगा गिराना,
फिर उठा के लाड़ जताना!
राखी पर भरी कलाई, बड़ी शेखी से
दोस्तों को दिखाना !
माँ से शगुन के पैसे ले,
मुझे देना,
फिर तुरंत, वापस उधार माँग लेना!
बिना बात मुझपर रोब झाड़ना,
पर मेरा उतरा चेहरा देख,
परेशान हो जाना!
वैसे तो हर वक़्त मुझे सताना,
पर किसी दूसरे के,
कुछ भी कहने पर,
सीना तान खड़े हो जाना!

तुम्हें याद है भैया,
मेरी शादी ठीक होने पर,
तुम्हारा बिन बात झल्लाना!
अपनी भावनाओं को,
बड़ी नासमझी से छुपाना!
कभी हँसाना, कभी रुलाना!
मंडप पर, मेरी लरजती आँखों को देख,
तुम्हारा स्नेह से मुस्कुराना!
विदाई पर तुम्हारा,
छुपछुपा कर रोना!
मुझे मेरी ससुराल तक छोड़,
भारी मन से लौटना!

बचपन से आजतक,
हर सफर में,
तुम्हें हमेशा करीब पाया है!
आज भी दोनों कुछ ना बोलें,
पर सुन सब लेते हैं!
शायद मुझसे भी तुम्हें
वही संबल मिलता है,
जितना मुझे तुमसे!

भैया,
तुम्हें सब याद तो होगा ना!!

ताने

कभी-कभी दुनिया में हो रही नृशंसता, छोटी मासूम बच्चियों का बलात्कार, इंसानों की कुत्सित मानसिकता, इन सब से आहत हो जाता है मानव मन। ऐसे ही किन्ही अवसाद और वितृष्णा से भरे पलों की देन है ये कविता!

क्या भगवान को भी चुभते होंगे हमलोगों के ताने!
क्या दिल उस परवरदिगार का भी भर आता होगा कभी!

ज़लील गलीज़ हमारी सोच,
क्या उसे भी शर्मिंदगी से भरती होगी?
बेशर्मी के इंतेहा पे,
खून खौलता होगा उसका भी क्या!
रोया होगा कभी ज़ार-ज़ार वो भी कभी!
जब हमने किया होगा,
तार-तार इंसानियत को,
अपने वहशीपन के जुनून में,
रौंदी होगी ज़िंदगियाँ!
ली होंगी जानें मासूमों की!

पछताया तो कभी ज़रूर होगा वो,
हमें गढ़ कर,
हमारे उन्माद के बढ़ते सैलाब को देखकर,
सबकुछ मिटा देने को,
उसके हाथ भी ज़रूर आतुर हुए होंगे!
तीसरे नेत्र को खोल सब भस्म करने को सोचा होगा ज़रूर कभी!

क्या हम उकसा नहीं रहे उसे?
मजबूर नहीं कर रहे, उसे कुछ करने को?
या शायद, हम खुद चाहते हों एक समापन!
बेताबी से ख़ुद ही तभी, भर रहे अपने पापों का घड़ा!
अंत एक सुकून हो शायद!
अंत एक परली तरफ़ की साफ़-सुथरी दुनिया की आग़ाज़ हो शायद!
संतप्त क्लांत तन-मन पर,
मौत का निर्मल छाँव हम खुद चाहते हों,
शायद !!

क्या दिल उस परवरदिगार का भी भर आता होगा कभी!
क्या भगवान को भी चुभते होंगे,
हमलोगों के ताने!!

गिरते मकान

हम कितनी हसरत से एक मकान बनाते हैं, फ़िर धीरे-धीरे वो मकान घर बनाता है। और वही घर जो हमारी यादों में रचा बसा है, किसी दिन टूट जाता है, बिक जाता है, किसी और के हाथों तो लगता है जैसे किसी ने हमारे सर से आसमान और पैरों तले की धरती खींच ली हो। ऐसी ही बेबसी और दर्द भरे पलों का उदाहरण है मेरी ये कविता!

देखा है कभी गिरते मकानों को,
सुनी है कभी, ढहती दीवारों की चीख!
मलबे का ढेर क्या सिर्फ ईंट-गारा-चूना ही था?
कुछ बेहतरीन पल अभी चमके थे उनमें?
वो देखो, उस कोने में!
जोड़ी भर नवेली हथेलियों के निशान!
नई बहू के चमकीले लजीले सपनों सी,
छपी हैं दीवार पर आज भी!
उनका कलेवर भी उतार दो भाई!

पहली किलकारी की गूँज,
छत की बरड़ियों में अभी भी उलझा है देखो!
चलाने वाले तो कब के मोटर गाड़ियों में जा चुके,
बिना पैडल की साईकिल किसके इंतज़ार में खड़ी है?
तस्वीरें तो सारी ठिकाने लग गईं,
पर अरे रुको,
उनके निशान टूटी ईंटों में अभी दिखा मुझे!

बेडौल बदसूरत सा वो प्यारा कमरा,
उसमें धरी संदूक,
यादों की कतरनों का अंबार समेटे है,
बरसों के बहीखाते,
कामयाबी, मायूसियों की अंतहीन सूची,
मौज के मासूम पल!
टूटे, थके, हारे, बोझिल शामों की रसीद,
लोरियों वाली कुछ रातें,
हास-परिहास के चंद सिक्के,
चुलबुले बचपन से होकर रसीली जवानी की गलियों को पार करते,
प्रौढ़ मन के कुछ नक्शे भी मिलेंगे तुम्हें!

सबसे नीचे, बिल्कुल तली से लगी,
एक छोटी सी पोटली होगी,
देखो ज़रा सम्भाल कर रखना उसे!
दादी-नानी, माँ-बाबा सबके आशिष के कंचे हैं,
बिखर गए तो कहाँ पाओगे उन्हें!
वो दुकान तो कब की बंद हो चुकी,
जहाँ आशिर्वाद मुफ़्त बँटा करते थे!

उधर रसोई अपनी ख़ैर मनाता दुबका है,
तवे पे सिंकी एक-एक रोटी का हिसाब माँगता!
टूटी नाली की काई में अभी भी फिसलन है,
सूखे अधरों पर जीभ फिरा रहा हो मानो!
माँ की मनुहार संग निगला हर निवाला,
खीर की कटोरियों का मापदंड,
एक तेरा, एक मेरा के तर्ज़ पर बँटे सारे पकवान!
ऐसी तृप्ति, छप्पन भोग भी शरमा जाए बस!

उधर, उस ऊँचे ताखे पर,
अचार की बरनी के पीछे,
माँ के कुछ चिल्लर पड़े होंगे शायद,
सुनो भाई!
मेरे तंदुरुस्त बटुए को उनसे बदलोगे क्या?

चलो, चलती हूँ, कब तक खड़ी रहूँ!
तुम्हें इक आखिरी बार देखना था,
तुमसे गले मिलकर रोना था बस!
सारे हिसाब समेट लिए,
सारी यादों को ले जाना तो मुश्किल है,
मन-मस्तिष्क की जेबों में ऊपर तक भर लिया!
पर ले कर जाऊँगी कहाँ?
घर में सजाने की ज़ुर्रत नहीं कर सकती,
घर तो टूट जाते हैं, मकान ढहा दिए जाते हैं!
दिल की तिजोरी है सबसे सुरक्षित जगह,
मरने तक साथ रख सकूँगी!

हाँ जाने से पहले थोड़े-थोड़े हिस्सों में बाँट जाऊँगी,
कर जाऊँगी अपने बच्चों के नाम!
उनकी भी तो धरोहर है ये,
खाली हाथ वे क्यूँ रहें भला!
मकान टूटा है!
कुछ ख़ामियाजा उनको भी तो मिले भला!!

Rashmi

वक़्त की बेड़ियाँ

जीवन को नए सिरे से जीने की चाह शायद हर इंसान के अंदर होती है। अपनी गलतियों को सुधारना, कुछ और नई गलतियाँ करना, जीवन को एक बार फ़िर से चखना, थोड़ा और जीने की चाह, हर इंसान की तमन्ना हो शायद!

थकने के पहले,
थोड़ा उड़ना चाहती हूँ!
बुझने के पहले, थोड़ा और जलना चाहती हूँ!

वक़्त की बेड़ियाँ पहने हूँ कब से,
इन बेड़ियों को,
पैरों का गहना बनाना चाहती हूँ!
ज़ुबाँ पे स्वाद है कुछ
भूले बिसरे लम्हों के अब भी,
फ़िर से एक बार उन्हें चखना चाहती हूँ!

जब भी आँखें बंद करती हूँ,
कुछ सोचती हूँ, कुछ याद करती हूँ,
पन्ने पर उकेरने को तत्पर होती हूँ,
जाने क्यूँ दिल की हर बात लिखने से डरती हूँ,
लफ़्ज़ों में हेर फ़ेर करती,
मन में उठते सारे ख़्यालों को,
झूठ का कलेवर पहना
पेश करती हूँ!

कोई समझ ना ले,
कोई जान ना ले,
मेरे असल को कोई पहचान ना ले,
मुखौटों पर मुखौटे चढ़ाती,
रंगा पुता चेहरा लिए,
सामने आती हूँ!

बुझने के पहले,
थोड़ा और जलना चाहती हूँ!
थकने के पहले,
थोड़ा और उड़ना चाहती हूँ!

कितना भी भरो,
दिल का एक कोना रीता रह ही जाता है,
कितना भी करो,
कुछ ना कुछ कम पड़ ही जाता है!
ज़िन्दगी की चादर है ये,
सर पे खींचो तो पाँव उघड़ता है,
पाँव ढँको तो
सर नंगा रह जाता है!
पूर्ण होना इंसान की हद से बाहर है शायद!
अधूरापन ही उसका मुकद्दर है शायद!

बुझने के पहले,
थोड़ा और जलना चाहती हूँ!
थकने के पहले,
थोड़ा और उड़ना चाहती हूँ!
सबकुछ कहना चाहती हूँ!
सबकुछ करना चाहती हूँ!

थोड़ा और जीना चाहती हूँ !
थोड़ा और जीना चाहती हूँ !!

तेरा होना

कुछ लोग होंगे आपके, मेरे, हमसब के ज़िन्दगानियों में, जिनके होने भर से सबकुछ रंगीन और खुशनुमा हो जाता है। मेरी ये कविता उस एक इंसान के लिए, जिनका होना मेरे लिए इक नेमत से कम नहीं!

क्यूँ जरूरी है तेरा होना?
क्यूँ जरूरी है तेरा आना,
मेरी जिंदगी में?

तेरे होने से दिल को ये सुकूँ है,
के अभी,
शाम हुई नहीं ज़िंदगी की!
के अभी,
कुछ नूर बाकी है,
इन पुरनूर लम्हों में!
के अभी,
कुछ उमंगें लेती हैं,
अंगड़ाई यौवन की!
के अभी,
कुछ चिंगारी है,
जो हवा चाहती है!
के मैं,
मैं हूँ आज भी,
सिर्फ एक रिश्ता नहीं!

के अब भी खिलखिलाकर,
छेड़ सकती हूँ अलमस्त नगमें!

तेरे आने से कुछ गाँठें खुलीं,
थोड़ा वजन मिला मेरे अहम् को!
खुद से प्यार हुआ थोड़ा मुझे!

हाँ ज़रूरी था तेरा आना,
जिंदगी में!
हाँ ज़रूरी था तेरा होना,
होना तेरा!

क्या मुमकिन है

ये कविता उसके नाम जिससे मेरा कोई दूर दराज़ का भी नाता ना था। ना वो मेरी दोस्त थी और ना ही कोई रिश्तेदार। बस एक जानने वाले की बहन थी वो और कुल दो बार ही मिली थी उससे मैं। उसके दुनिया से जाने के कुछ दिनों पहले जब आखिरी बार उससे मिली थी, जाने क्यूँ उसकी डबडबाई आँखें, उसकी वो कमज़ोर पकड़ नहीं भूल पाती। अपनी हथेलियों में उसकी गर्म हथेलियों को आज भी महसूस करती हूँ मैं! ये कविता उसे समर्पित!!

क्या मुमकिन है,
तुम्हारा वापस आना,
एक बार?
इतनी बड़ी दुनिया में, शाख़ से कोई पत्ता टूटे,
कहाँ खबर होती है!

ना मैं तुम्हें जानती थी,
ना कोई नाता था अपना!
फिर क्यूँ साल गया
तुम्हारा यूँ जाना मुझे!
क्यूँ तुम्हारी सूरत,
दिल की खूँटी से,
उतार नहीं पाती मैं?
इतनी बड़ी दुनिया में, शाख़ से कोई पत्ता टूटे,
कहाँ खबर होती है!
रौशनी की कतार के,

कुछ दीए बुझ गए!
कहीं कोई चूक हुई, कहीं दिए का तेल ही
चुक गया!

उन जोड़ी भर नज़रों की प्यास,
क्या मुझतक ही पहुँची थीं !
उनमें धधकती जीवन की आस,
क्या सिर्फ़ मुझे ही दिखीं थीं!
क्यूँ तुम्हारे हाथों की गर्माहट,
अभी महसूस किया मैंने!
कानों ने कुछ सुना,
क्यूँ लगा, जैसे कुछ कहा तुमने?
क्यूँ सोच में बनी रहती हो मेरे यूँ,
क्यूँ नहीं छोड़ती मुझे, याद तुम्हारी!
क्यूँ भटकती हो तुम, आस-पास मेरे,
क्यूँ नहीं बुझा पाती तुम्हारी लौ को मैं,
क्यूँ आ जाती हो ज़ेहन में मेरे, गाहे-बगाहे
सुनो, तुम कहीं यहीं तो नहीं?

इतनी बड़ी दुनिया में, शाख़ से कोई पत्ता टूटे,
कहाँ खबर होती है!

क्या मुमकिन है,
तुम्हारा वापस आना,
एक बार!!

"जो लोग खो जाते हैं,

बहोत याद आते हैं!

ऐ मेरे रूठे रिश्तों, अब तो आ जाओ,

शाम हो चली है,

जाने कब रात का अंधियारा मुझे लील जाए!

जाने कब, मैं सिर्फ एक तस्वीर बन कर रह जाऊँ !!"

रश्मि

Rashmi

कैसी लगती तू माँ

माँ की उम्र चाहे कितनी भी हो जाये, संतान को उनके जाने का दुःख हमेशा सालता है। फ़िर उनका क्या जिन्होंने अपनी माँ को अपने छुटपन में ही खो दिया हो! उनके मन में ये कुछ सवाल, हमेशा घुमड़ते रहेंगे शायद!

कैसी लगती माँ तू,
बालों में तेरे जब,
आ जाती सफ़ेदी?
चेहरे पे आ जातीं लकीरें,
तजुर्बों की!
कैसा होता स्पर्श,
उन झुर्रीदार हाथों का?
लरज़ते काँपते होठों पे
आता जब मेरा नाम!
पोपली हँसी से भर जाता,
जब मन का हर कोना!

कैसा लगता माँ,
तेरे हाथों से खाना निवाला मुझे?
कैसा लगता माँ,
थके क्लांत तन-मन को मिलता,
तेरी थपकियों का सुकून जब!
जीवन की दुपहरी में खड़ी मैं,
मुस्कुराती तेरी झिड़कियों पे!
मेरे दिनभर का हिसाब,

ना खाने की कैफ़ीयत,
मेरे झल्लाने पे तेरा रूठना,
फ़िर मनाने पे, निश्छल सी धवल हँसी तेरी!
कैसा लगता जब तू समेटती,
मेरे रूखे लटों को,
बेवजह हिदायतें देती!
मेरे तरूण बच्चों के सामने,
कान खींचती मेरे!

कैसा लगता माँ,
तेरी नर्म गर्म गोद में सिमटना?
कैसी होती माँ,
तेरे कस्तूरी आँचल की खुश्बू?
काश एक बार जी पाती,
तुझ संग कुछ साल!
काश देख पाती तू,
अपनी कली को,
पल्लवित होते, खिलते!
काश रोक पाती तुझे मैं,
सुन पाती तेरी लोरियाँ,
तेरी अंतिम सिसकियाँ!

काश इतने काश ना होते,
बस तू होती,
तेरा अहसास नहीं!!

कैसी लगती माँ तू,
बालों में तेरे जब,
आ जाती सफ़ेदी?

"मैं और तुम"

गृहस्थ जीवन की शुरुआत कमोबेश सबकी कुछ ऐसी ही होती है। अपने तज़ुर्बों से लिखी है ये कविता पर आप सब इसमें अपनी-अपनी कहानी भी पाएँगे, ये दावा है मेरा!

दो जोड़ी जवान सपनीली आँखें,
टेढ़े-मेढ़े से बेमेल बरतन कुछ,
इकहरी चारपाई,
गृहस्थी की शुरुआत, कुछ इस तरह हुई!

पुराना छोटा सा घर,
शहर के एक वीरान कोने में!
कच्चे फर्श का आँगन,
आँगन में एक बूढ़ा बरगद!
आसमान छूती शाखाएँ,
नंगे तने का जाल बिखेरता,
जाने कितने परिंदों, पिस्सुओं को पनाह देता!
ढेरों सपनें,
हौसलों से लबालब कलेजा,
घड़ा भर छलकता विश्वास,
जमाने भर का प्यार, दुलार, मनुहार!
और कुछ मुड़े-तुड़े नोट,
बटुए में!
बिजली हमेशा गुल,

पर मोती सी उजली हँसी की चमक से,
घर-आँगन चकाचौंध!
'मैं' और 'तुम',
"एक प्राण बन गए"!

जरूरतें सीमित,
खुशियाँ बेपनाह!
चाय की हर प्याली का
अलग कलेवर,
मीठी गर्माहट, तन-मन को तृप्त करती।
दुनिया सादी, सरल, सुंदर!
घर में कोई दीवार घड़ी नहीं,
सारा समय अपना!
सुइयों में वक्त पिरोना तो भविष्य की कहानी थी!
कितनी बातें, बतकही,
बचपन के शैतानियों की गाथाएँ!
यौवन की दहलीज पर देखे,
रसीले सपनों का विवरण!
आज में जीते,
भविष्य के ताने बाने बुनते,
'मैं' और 'तुम'
"हम हो गए"!

मातृत्व ने दस्तक दी,
बूढ़ा बरगद हँस पड़ा!
किलकारियों से घर-आँगन महकने लगा,
रातें लोरियों में ढलने लगीं,
बातों के तर्ज बदल गए,

बोलचाल अब तोतली हो गई!
बचपन हर चीज़ पर,
अपनी छाप छोड़ने लगा!
सोने जागने की रीत बदल गई!
'मैं' और 'तुम'
"जिम्मेदार हो गए"!

समय को जैसे पंख लग गए!
नन्हें लड़खड़ाते कदम दृढ़ता से ज़मीन रौंदने लगे!
पालने, झूले कब तिपहिये में बदले,
साईकिल कैसे बड़ी होती गई,
हिसाब ही नहीं रख पाए!
स्कूल की सख्त दिनचर्या में घिरे हम,
एक-एक पल नापने लगे!
'मैं' और 'तुम'
"संजीदा हो गए"!

गोद फ़िर से हरी हुई, नव तरु पल्लवित हुए,
घर आँगन फ़िर से महक उठा!
सधे हाथ अब गलतियाँ करना भूल गए!
लोरियों की पोटली फ़िर से खुल गई!
बूढ़ा बरगद फ़िर मुस्कुराया,
शाखाएँ बढ़ रही हैं,
जड़ें और गहरी हो गईं!
'मैं' और 'तुम'
"हम चार हो गए"!

ज़रूरतें बढ़ने लगीं, गृहस्थी सजने लगी!
सामाजिक कवायदों में ढलने लगे,
लोगों को आँकने लगे,
जोड़-घटाव करना सीख गए,
फ़ायदा-नुकसान समझने लगे!
मैं अपने पाँव चादर के दायरे में समेटने लगी,
तुम चादर बढ़ाने की मशक्कत में जुट गए!
भविष्य की सोच में पेशानी पर बल पड़ने लगे,
थोड़ा 'मैं' बदल गई!
थोड़ा 'तुम' बदल गए!
'मैं' और 'तुम'
"वयस्क हो गए"!

समय ढीठ ज़िद्दी बालक सा,
अपनी चाल चलता रहा!
कभी खरगोश सा दौड़ा,
कभी कछुए सा रेंगता रहा!
आँखों पर ऐनक,
बालों में कुछ चाँदी उतर आई!
ज़िन्दगी की किताब, तजुर्बों से भरने लगी!
कलरव करते पंछी, अपने डैने फैलाने लगे!
घोंसला छोड़ उड़ने को तत्पर,
छलछलाते विश्वास और ललक के परों पे सवार!
एक एक कर, शोरो गुल शाँत होते गए!
'मैं' और 'तुम'
"प्रौढ़ हो गए"!

आज घर सजा है!
हर वो चीज़, जो कभी दुर्लभ थी,
इधर-उधर बिखरी हैं!
बूढ़ा बरगद, अपनी
क्षीण बाँहें शून्य में फैलाये,
खड़ा है, उदास!
मैं और तुम, उम्र की पक्की दहलीज़ पर हैं!
पर मन के किसी कोने में,
खनकते हैं, टेढ़े-मेढ़े बेमेल से बर्तन कुछ, आज भी!
उस इकहरी चारपाई की,
एक-एक बुनावट, रटी-रटाई सी है,
सपनों की पौध को, सूखने नहीं दिया हमने!
कुछ फूल, अतीत की सुगंध लिए,
आज भी सराबोर कर जाते हैं!
बूढ़े बरगद पर झूला डाल,
कुछ पेंगे अब भी ले लेते हैं!

प्यार, दुलार, मनुहार का सिलसिला,
आज भी जारी है!
मोती सी उजली धवल हँसी की चमक,
अब भी पैनी है!
दिलों के गुल्लक में, सालों के चुराए,
पलों के अंबार, भरे पड़े हैं!
कहने को बहुत कुछ बदल गया है,
पर बदला कुछ भी नहीं है!
आज भी, हृदय में
एक प्राण बन, धड़कते हैं,
"मैं और तुम" ॥

ख़रामा ख़रामा

ज़िन्दगी एक आस है, एक प्यास है! जाने क्यों हम उस एक इंसान से ही अपनी सारी अपेक्षाएं बाँधे, बैठे रहते हैं जिसे शायद हमारी कोई कद्र ही नहीं। मेरी इस कविता में एक ऐसी ही कशमकश है!

क्यूँ खोजती हूँ तुममें,
वो ललक, वो चाहत,
वो इंतज़ार, वो बेकरारी!
क्यूँ देखती हूँ ऐसे सपने,
जिनकी कोई धरा नहीं,
ना कोई आसमान!
क्यूँ नम होती हैं आँखें,
आज भी तेरी बेरुख़ी से!
मेरा होना ना होना तेरे लिए एक सा है,
क्यूँ एहसास ये
दम घोंटता मेरा,
आज भी!
दूरी गर फ़ासलों की हो तो सुकून,
पर मन की दूरी क्यूँ चीर जाती मुझे!
क्यूँ तेरी मुस्कुराहट,
छेड़ देती है दिल के धड़कनों को
आज भी!
क्यूँ बदल जाता
मेरे नाम का अर्थ,
तेरे होठों से लग कर!

इन छोटे, गहरे सवालों के जवाब,
इन सुलझे, उलझे रिश्तों की डोर,
ना तेरे पास, ना मेरे पास
तू अपनी दुनिया में मगन!
मैं अपने तानों-बानों में!
ना तेरे पास वक़्त कुछ याद रखने को,
ना मेरे पास कलेजा तुझे भूल जाने का!

ज़िन्दगी गुज़र जाएगी यूँ ही,
ख़रामा ख़रामा!!

"कभी कोई भूली सी हँसी,
दे जाएगी आँखों में कुछ कतरे नमी के!
कभी ख़ुद कि की हुई नादानियों पर मुस्कुराओगे,
ये समय है!
बीतना ही इसकी नियति है,
बदलना ही इसकी प्रवृति है !

तुम भूल जाओगे !!"

रश्मि

Rashmi

किरदार

मिलना-बिछड़ना सब नियति है। हमारे हाथों में कुछ भी नहीं। कुछ रिश्ते ऐसे होते हैं जिनका बेनाम होना ही उनकी किस्मत है। हर रिश्ते को ना तो कोई नाम दे सकते हैं और ना ही उसे मुकम्मल कर सकते हैं। पर उन रिश्तों का दंश दिल में इक फांस बन हमेशा चुभता है।

हालात की पटकथा के दो किरदार हम,
ना साथ हैं, ना दूरी
ना बेवजह हो, ना ज़रूरी!

समझ और विवेक से परे जो दुनिया है,
शायद उसके ही वाशिंदे हैं हम!
उलझे गर तुम,
तो सुलझी मैं भी नहीं,
टूटे गर तुम, तो जुड़ी मैं भी नहीं,
ना साथ हैं, ना दूरी,
ना बेवजह हो, ना ज़रूरी,

हालात की पटकथा के दो किरदार हम,
अपनी-अपनी लाइनों में कैद,
ना तुम कुछ ज़्यादा कह सकते हो,
ना मैं कुछ कम सुनूँगी!
और वो रचयिता,
नित नए खेल रचता जाता है,

मैं और तुम,
उसकी डोर से बँधी दो कठपुतलियाँ,
दो इंसान जो ना मिल सकते हैं,
ना बिछुड़ सकते हैं!
कौन समझेगा हमारी इस दुरूह परिस्थिति को!
हालात की पटकथा के दो किरदार हम,
ना साथ हैं, ना दूरी,
ना बेवजह हो, ना ज़रूरी

आज फिर तुम्हें अधूरा छोड़ आई हूँ,
कुछ रिक्त तो कुछ सिक्त कर आई हूँ!
पूरे और अधूरे का संगम,
हमारी नियति यही है शायद,
इस घड़े को पूरा भरने से डरती हूँ,
छलक ना जाए,
ये सोच थोड़ा खाली रखती हूँ!

हालात की पटकथा के दो किरदार हम,
ना साथ हैं, ना दूरी,
ना बेवजह हो, ना ज़रूरी!!

गर मैं छोड़ जाऊँ कभी

एक स्त्री की सबसे बड़ी कमज़ोरी होती है, उसका पति, उसका घर, उसके बच्चे! इस कविता में एक ऐसी स्त्री का ही वर्णन है जो विदा की बेला में भी अपने प्रिय को समझा रही है, बहला रही है, अपने ना होने पर भी अपने होने का एहसास करा रही है!

अपना मन मैला ना करना,
गर कभी छोड़ जाऊँ तुम्हें!
अपनी परछाई तुम्हारे पायताने रख जाऊँगी,
मेरी खामोशियों को कान लगा कर सुनना!
मेरे मौन में मिलेंगे कई जवाब तुम्हें!
कुछ बूंदें आँसुओं की तुम्हारे सूखे अधरों पर धर जाऊँगी,
पर भूल से भी ना चखना उन्हें,
पिछली सारी मीठी यादें कहीं खारी ना हो जाएँ!
बसंती बयार जब सहला जाएँ माथे की लटों को कभी,
समझना मैंने अभी संवारा है उन्हें!
आँखों में जब किर्चियों सी चुभन हो,
मान लेना मैंने सपनों से पलकों पर उतरने की कोशिश की है!

अपना मन मैला ना करना,
गर कभी छोड़ जाऊँ तुम्हें!

मेरी खामोशियों को सुन सको तो सुनना इक रोज़!
जो बातें मेरी लबों पर हीं दम तोड़ देती हैं,
उनकी सरगोशियों में तुम्हें अपने सारे जवाब मिलेंगे!

मेरी आँखों की गहराईयों में झाँकना कभी,
होठों से जब उपालम्भ की गर्द पोछोगे,
मिलन का ही मिठास चखोगे फिर!

अपना मन मैला ना करना,
गर कभी छोड़ जाऊँ तुम्हें!!

इक आदत हो तुम

साथी जब प्यार करे तो अच्छा लगता है। साथी जब मनुहार करे तब और भी अच्छा लगता है। फ़िर गर वो लच्छेदार बातों में अपनी मासूमियत घोल दे तो क्या कहना!

तुम इक आदत सी हो गई हो,
उन्होंने बड़ी अदा से कहा!

खुद की रखी चीज़ें ना मिलें जब,
आलमारी सारी उलट पुलट कर,
हैरान परेशान सा होकर,
मेरी पेशानी पर पड़े बलों को देख
उन्होंने बड़ी अदा से कहा,
तुम इक आदत सी हो गई हो!!

देर रात को जगा,
मीठे की फ़रमाइश का परचा पकड़ाते,
नींद भरी मेरी शिकायती नज़रों को पढ़,
मासूम सा चेहरा लिए
उन्होंने जब
बड़ी अदा से कहा,
तुम इक आदत सी हो गई हो!!

दिन दिन भर ख़ुद बाहर रह कर,
डूबे शाम को घर आकर,
पलभर भी मुझे सामने ना पाकर,
पूरे घर को सर पर उठाकर,
मेरी तनी भृकुटियों को देख,
चपल चतुर मुस्कान लिए,
उन्होंने जब बड़ी अदा से कहा,
तुम इक आदत सी हो गई हो!!

तीखा तल्ख़ इक लम्हा,
पल भर में मुलायम हो गया!
शिकायतें सारी हवा हो गईं,
लबों पे आये उपालम्भ,
दम तोड़ गए वहीं,
होठों के किनारे मुस्कुरा दिए!
नज़रें नज़रों से मिल खिलखिला दीं!

अब इक आदत सी हो गई है,
तुमसे ये सुनना के,
तुम इक आदत सी हो गई हो!!

"नुक्कड़ वाले नाथू की चाय,
बहुत अच्छी लगती है मुझे!
पर हर चुस्की गर कोई बाँटने वाला ना हो,
नाथू की चाय,
फ़िर थोड़ी फ़ीकी रह जाती है !!"

रश्मि

Rashmi

बाद मेरे

कभी-कभी सोचती हूँ, क्या होगा मेरे जाने के बाद? कौन समेटेगा मेरी गृहस्थी को, मेरे बच्चों को कौन देगा वो प्यार, दुलार, उनकी आत्मा को ताकत! और कौन रखेगा तुम्हारा ख़्याल? मेरी चीज़ें कौन सहेजेगा?

एक औरत के दिल में ये सवाल ज़रूर उठता है क्योंकि अपनी गृहस्थी, अपने बच्चों और अपने पति से ज़्यादा प्रिय उसे कोई नहीं है!

बाद मेरे, तुम संभाल लेना,
मेरे ये नग्में,
मेरी सोच, मेरे सपने सारे!

सपने, जो कुछ पके तो कुछ कच्चे ही रहे!
सपने, जो कुछ सगे से हुए,
तो कुछ रूठे ही रहे!

एक गुल्लक है मेरी,
जिसमें मैंने हर वो याद महफूज़ रखी है,
जो कभी मेरे वज़ूद के लिए लाज़मी था!
तोड़ देना उस गुल्लक को,
हमारे खिलखिलाते कुछ लम्हें मिलेंगे वहाँ!
रूमानी रातों के रंगीन हस्ताक्षर होंगे कुछ!
पहली बार तुमने जब छुआ था ना,
उस सिहरन को सहेज कर रखा है!
और तुम्हारी लरजती आँखों में जो उमड़ता प्यार देखा था,

उसे भी चुरा कर रख लिया था मैंने कभी!
ऐसे चोरी के काफ़ी लम्हात मिलेंगे,
उस छोटे से गुल्लक में तुम्हें!
बच्चों की दूधिया हँसी कुछ,
कुछ दिल तोड़ने वाले रूखे वाकयात भी होंगे!
शिकवे-शिकायतों के मुड़े-तुड़े पुलिंदे भी मिलेंगे तुम्हें,
किसी कोने में!
पर दिल पे कुछ ना लेना,
उन शिकायतों को मेरे होने का सबूत मान लेना!
और हाँ, पहली बिछोह पर कुछ पँक्तियाँ लिखीं थीं,
उन्हें ज़रूर पढ़ना!

बाद मेरे मैं मिलूंगी कभी इन्हीं तहरीरों में,
उन्मुक्त बेलौस मेरी कहानियों में!
मेरी अचार की बड़नियों में!
मेरे हाथों बुने तुम्हारे स्वेटर में!
इधर-उधर पड़े मेरे बेमानी सामानों में!
शीशे पर चिपकी मेरी बिंदियों में!
सालों से सहेजी अपनी साड़ियों में!
उनकी तहों में छुपाये कुछ रुपयों में!
बाद मेरे, मेरी इन चीजों को फेंक ना देना!
मैंने कभी छुआ था उन्हें,
जान, सहेज लेना!
बच्चों की धरोहर हूँ मैं, ये सोच, संभाल कर रखना!
उन्हें भी इन टुकड़ों में से उनका हिस्सा ज़रूर देना!

पर चंद बातें हैं जिनसे शायद तुम भी अनजान हो,
चंद लम्हें हैं उदासी के, नाकामयाबी के, मायूसी के,
चंद लम्हे, जिन पर शायद ही गुरुर कर सकूँ!
उन सब बातों को ख़ाक कर,
प्रवाहित कर आना कहीं!
ना उन्हें पढ़ना, ना हीं देखना,
मेरे कमज़ोर लम्हों की निशानियाँ हैं कुछ,
यूँ मान माफ़ भी करोगे,
इसका इत्मीनान है मुझे!
बाद मेरे, मेरे नग़मों को सजा लेना लबों पे!
मेरी सोच को दिल में बसा,
मेरे सपनों को अपनी पलकों पे पनाह दे देना!

बाद मेरे, तुम संभाल लेना,
मेरे ये नग्में,
मेरी सोच, मेरे सपने सारे!!

कौन है वो

इतनी बड़ी दुनिया खुद से तो नहीं चलती, कोई तो है! कोई तो है जो सब कुछ देख रहा है, सुन रहा है। कोई है जो सबका हिसाब रखता है। उसे हम भगवान कहें या कोई सर्वव्यापी शक्ति। पर कोई तो है!

कभी-कभी सोचती हूँ,
कौन है इस दुनिया का संचालक!

कौन है जो हमारी सारी खामियों से रूबरू है,
हमारी तमाम ख़्वाहिशें
जानता है,
समझता है, बूझता है,
कौन है जो यूँ हमें
कठपुतलियों की तरह नचाता है,
कहना कुछ हो, बोल कुछ और जाते हैं,
करना कुछ हो, कर कुछ और जाते हैं,
कभी चीज़ें होती-होती रुक जातीं हैं,
तो कभी सब कुछ यूँ चुटकियों में मिल जाता है,
कोई तो है जो छोटों को भी बड़ा कर देता है,
कोई तो है जो बड़े-बड़ों को ज़मीन पर ला खड़ा करता है,

कौन है इस दुनिया का संचालक!

कौन है जो बीच मंझधार में भी आकर,
हमें किनारे ले जाता है!
कौन है जो काली अंधेरी रातों में संबल दे,
दीए की लौ सा जगमगाता है!
कोई तो है जो धरती को अपनी धूरी पर नचाता है,
भोर और साँझ का फर्क हमें बताता है,
नदियों को बहने की दिशा दिखाता है,
पर्वतों को खड़े रहने का हौसला देता है,
शाम ढले थके-हारे पंछियों को उनके घर का पता बताता है,

कभी-कभी सोचती हूँ, कौन है इस दुनिया का संचालक!

कोई तो है जो जीने की चाह को भीतर ज़िंदा रखता है,
गिरते आंसुओं को रोकता है,
गम भूलने में मददगार होता है,
फिर से खड़े होने की हिम्मत देता है,
कोई तो है जो हमारा निगहबान है!
कोई तो है जो हमसब पर मेहरबान है!

कभी कभी सोचती हूँ,
कौन है इस दुनिया का संचालक !!

ऐ ज़िन्दगी

ज़िन्दगी को कितना भी कस कर पकड़ो वो हाथ छुड़ाकर भागती ही जाती है। हर मिनट, हर घंटे, हर दिन का हिसाब रखते हैं हम पर जाने कैसे यूँ ही खर्च हो जाती है ये ज़िन्दगी!

कुछ संजोये से ख़्वाब,
कुछ रूठे से अपने,
मिलते-बिछुड़ते रिश्ते,
अधसिले उधड़े से सपने!
बेवज़ह की शिकायतें,
ज़िन्दगी के खाते में बचाये,
फ़ुरसत के चंद पल!
किमामी मख़मली सी यादें कुछ,
संदली एहसास वाला तकिया,
पुख़्ता विश्वास वाला गद्दा एक!
हथेलियों की रेशमी तपिश वाली चादर!
गुड़वाली चाय की बासी मिठास,
दादी की आँचल में बँधे,
चंद सिक्कों से, मामूली कीमती लम्हें!

रेत पर बेजोड़ मेहनत से लिखे सफ़े,
उन्हें मिटाती, वक़्त की तेज़ रफ़्तार लहर!
अभी तो खिलखिलाती सुबह हुई थी,
जाने कहाँ से रोती सी रात आ गई!

कंजूस बनिये की सी,
पाई-पाई जोड़ी ज़िन्दगी,
जाने कहाँ गवाँ दी!

तुम्हें ख़र्चने से डरती थी,
इतनी शिद्दत से जोड़ा था तुम्हें,
तुम तो यूँ ही ज़ाया हो गई,
ऐ ज़िन्दगी!!

"कुछ था जो रह गया था,
अनदेखा अनछुआ सा!
रास्ते जो कुछ धुँधलाये से थे,
उनपर नज़र का चश्मा चढ़ा दिया किसी ने!
बुझती साँसें धौंकनी सी चल पड़ी हैं!
कुछ था जो रह गया था,

अनदेखा अनछुआ सा !!"

रश्मि

मेरी बेवफ़ा लेखनी

बचपन से लिखती थी। खुद को पन्नों पर व्यक्त करने में कभी मुश्किल नहीं हुई मुझे। पर जाने क्यों शादी के बाद कलम थम सा गया, शब्द खामोश से हो गए, खो से गए। शायद मैं ही रिश्तों के भँवर जाल में बंध कर रह गई। पर एक ख़लिश सी थी, कोई कमी सी! फ़िर बरसों बाद कलम यूँ अचानक चल पड़े ज्यूँ कभी रुके ही ना हों। अपनी उसी पुरानी सखी, अपनी लेखनी के नाम मेरी ये कविता!

ऐ लेखनी कहाँ थी तू?
मेरी याद भी कभी आई तुझे!
बरसों बाद मिले हैं अब जा कर,
ऐसी भी क्या बेरुख़ी थी!
कभी मेरा हाल भी पूछने आई तू!

मैं तो नहीं भूली तुझे,
याद करती रही तन्हा रातों में!
हँसी उल्लास के बीच भी ढूँढा तुझे!
तू ही नज़रें चुराती रही,
दामन बचाती रही मुझसे!
बेचैन सर्द-गर्म रातों में,
बदलते हर मौसम में,
कब नहीं सोचा तुझे,
बेवफ़ा तो तू निकली!
मैंने तो हर पल खोजा है तुझे!
तू थी कहीं आस-पास,

ये गुमाँ, ये सुकूँ तो था मुझे,
पर ये लुका-छिपी की आदत,
बचपन से लगी है तुझे!

याद है वो सोने से दिन,
वो चाँदी सी रातें!
कैसे मिला करते थे हम,
वज़ह, बेवज़ह!
कितने पूरे, कितने अधूरे दिन थे वे!
वो मेरे ख़्यालों में यूँ ही आ जाना,
स्कूल की लाइन में खड़े,
दो पंक्तियाँ गुनगुनाना,
टीचर की कैफ़ियत भरी निगाहों से घबरा,
तुझे दिल में छुपाना,
फ़िर चुपके से भीतर झाँक,
मेरा हौले से मुस्काना!

सब याद तो है मुझे,
फ़िर क्या हुआ?
बरसों का साथ,
दिन रात की बतकही,कहाँ गुम हो गई!

मैंने तो हर पल तेरी याद का दिया जलाये रखा!
तब भी जब मेरे पाँव में बिछुये पड़े,
हाँथों में चूड़ियाँ और
माँग में सिंदूर!
तब भी, जब दो फूल मेरा आँगन महकाने लगे!

अब आज, उम्र के इस पड़ाव पर,
ऐसे चुपके से दबे पाँव
वापस मेरी ज़िंदगी में यूँ आना,
ज्यूँ कभी तू गई ही नहीं थी,
आते ही सब उथल-पुथल कर जाना!

क्या करूँ, शिकवे तो हज़ारों हैं,
करूँगी किसी रोज़,
अभी खुल कर गले तो मिल लूँ,
ज़ार-ज़ार रो तो लूँ जरा!
क्या पता मेरी बेवफ़ा सखी,
फ़िर कब रफ़ूचक्कर हो जाये!!

एक संतप्त आत्मा की गुहार

मेरी ये कविता उन तमाम लोगों के नाम जो माता-पिता के जीवित रहते उन्हें पग-पग पर अनदेखा कर अपमानित करते हैं। जिनकी उपस्थिति मात्र भी उनकी आँखों में किरकिरी बन चुभती रहती है। वो जो आपको जीते जी तो क्या मरने के बाद भी कोई बद्दुआ नहीं दे सकते, ऐसे माता-पिता की संतप्त आत्मा की एक दर्दभरी गुहार ही है ये मेरी रचना!

जो तुम मीठा बोलते हो,
मेरे जाने के बाद,
यही दो शब्द अगर तब बोलते,
वो शायद अमृत बन, मेरे प्राण बचा लेता!
जो तुम मेरी अच्छाइयाँ गिनवाते हो लोगों में,
तब बताते तो मेरे दिल के फ़फोलों पर मलहम सी लग जाती!
जो तुम गरीबों को खिलाते हो मेरे जन्मदिन,
मेरी पुण्यतिथि पर,
तब दो निवाले प्यार के,
मुझे खिला देते,
तो पेट के साथ आत्मा भी तृप्त हो रहती!
क्यूँ तुम्हें मेरी कद्र अब हुई,
क्यूँ तुमने इंतज़ार किया मेरे जाने का,
क्यूँ तब मेरी गोद में सर रख, मुझसे लाड़ ना जताया,
क्यूँ उखड़े रहते थे जब मैं जीती थी,
मेरी हर बात तब गलत,
अब सही कैसे लगने लगी!
मुझे अपने घर पर रखना गवारा ना था तुम्हें,

अब दीवार पर मेरी तस्वीर को जगह कैसे दे दी भला!!
जब तलक थी, दिल जलाते रहे मेरा,
अब इन अगरबत्तियों का ढोंग क्यूँ,
आज मैं नहीं,
तुम्हारी इन खूबसूरत बातों को सुनने को!
तुम्हारे बनाये इन पकवानों को चखने को!
तुम्हारे पहनाये इन खूबसूरत मुलायम फूलमाला की कद्र
मेरी तस्वीर को क्यूँ हो भला?
इनकी ख़ुशबू तो ज़िंदा इंसानों को सुकून देती हैं,
इनकी कोमल छुअन तो तन और मन दोनों के लिए हैं,

तन और मन,
जो मेरे पास अब नहीं!!

खैर, मेरा तो बेड़ा पार हुआ,
गलत या सही, पूरी या अधूरी,
कहानी अब खत्म हुई,
पर ये जो नव बेल तुम्हारे आँगन में पनप रहे हैं,
उन्हें संभाल लेना!
उनमें इन बेरुख़ी, बदमिज़ाजी और बेपरवाही के कीड़े मत लगने देना!
विषाक्त ना होने देना इन दुधमुहों को कभी!
उनकी परवरिश तुम मेरी परवरिश से कुछ अलग ही करना!
उन्हें ना तो मेरे सी बनाना, और ना खुद सा,
ना तो मुझ सी सहनशक्ति सिखाना,
ना ही अपनी सी बेरुख़ी, मतलब परस्ती!
उन्हें देना एक स्वच्छ मन!
उन्हें दिखाना एक साफ़ सुथरी दुनिया!
पर ये सब कर के भी, हर रोज़ दुआ करना,

सर झुकाना उसके दरबार में,
के तुम्हारे बच्चे भूल पायें,
तुम्हारा माता-पिता संग किया दुर्व्यवहार,
भूल पायें, तुम्हारी बेरुख़ी,
तुम्हारे ताने, तुम्हारी खुदगर्ज़ी!
बना पायें एक स्वस्थ सोच!
दे पायें तुम्हें वो प्यार, वो इज़्ज़त,
जिसे हमें देने की कूवत तुम्हारी कभी ना थी!

मेरे बारे में मीठा अब ना बोलो,
मेरी तस्वीर को तुम्हारी दीवार स्वीकार नहीं!
मेरे पास ना अब कान हैं और ना ही धड़कता हृदय,

मैं अब शून्य हूँ!!

तुमने कहा कुछ

प्रेमी पतियों ने आजतक जाने कितनी कविताएँ-कहानियाँ लिखी होंगी अपनी प्रेयसी पत्नियों के नाम, पर गर पति लेखक ना हो तो! और गर पत्नी लिखती हो तो! एक फरमाइश मेरे पति कर बैठे मुझसे, एकदिन, कि चलो भई कुछ मुझ पर भी लिखो। तो हमने भी लिख दिया ये कविता उनपर, अब आप पढ़ें और बतायें, पसंद आया भी क्या!

तुमने कहा,
कुछ लिखो मुझ पर!

कहा, तो कागज़ कलम लिए, बैठ गई,
बैठी, और राह तकती रही,
कुछ सोचती रही,
पर ख़्याल मेरे आस-पास से गुज़र,
ज़िद्दी बच्चों की तरह,
मुँह चिढ़ाते रहे मुझे!
बातों का सिरा किधर से धरूँ?
गोल-गोल से होकर,
सब वापस यहीं आ जाते हैं!

तुमने कहा,
कुछ लिखो मुझ पर!

पर क्या लिखूँ?
ये लिखूँ, कि तुम हो मेरी धरा,
या लिखूँ, कि तुम हो
मेरे गगन विशाल!
लिखूँ, कि तपती दुपहरी सी इस ज़िन्दगी में,
तुम हो इक, बादल छाँव भरे!
या लिखूँ कि,
सावन के फुहार के बाद वाली,
हो सौंधी मिट्टी की
ख़ुश्बू तुम!

तुमने कहा,
कुछ लिखो मुझ पर!

लिखूँ, कि पंख तो थे मेरे,
पर उड़ने का हौसला,
तुमने दिया!
या ये कि,
सपनों से डरती थी,
उनसे दोस्ती तुमने करवाई!
लिखूँ कि,
क्या होता मेरा वज़ूद,
गर तुम ना मिले होते?
कैसी होती मेरी दुनिया?
या ये के, तुम बिन,
कभी नहीं जानती
साथी ऐसा भी होता है!

ये लिखूँ के,
तुम ना मिले होते,
तो कभी नहीं समझती,
मैं खुद को!
अनजान रहती,
अपनी एहमियत से!
या ये के,
रंग भी शायद, इतने चटकीले ना होते!
चाँदनी भी होती, कुछ फ़ीकी!
क्या लिखूँ, और क्या-क्या लिखूँ?
मैं जो हूँ,
पूरी की पूरी, तुम्हारा ही
हस्ताक्षर हूँ!
अब भी कुछ लिखना
बाकी है क्या?

तुमने कहा,
कुछ लिखो मुझ पर!!

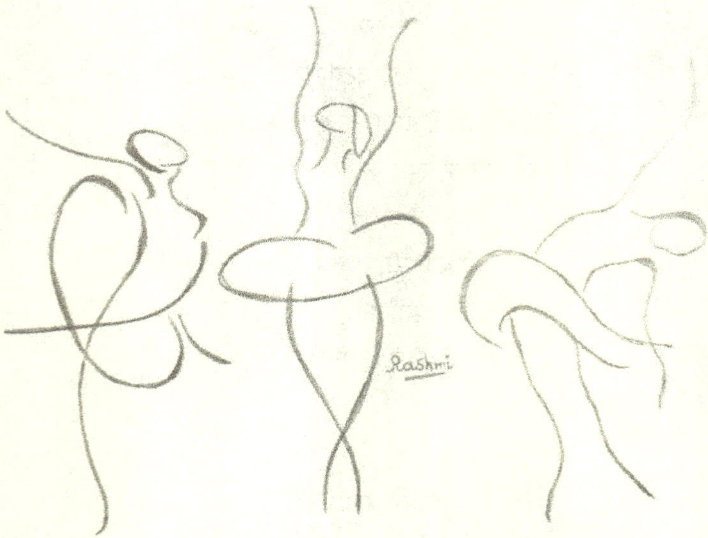
Rashmi

आज़ादी की लहर

आज़ादी सब चाहते हैं, सब माँगते हैं, पर आज़ाद करना, आज़ाद करने का कलेजा कितनों के पास है? जो चाहते हो उसे दूसरों को देना भी पड़ेगा। आज़ादी पर हक़ सबका है।

आज़ादी की इस लहर में बहती मैं,
खुद से सवाल किए जाती हूँ!

आज़ादी किससे?
आज़ादी क्यूँ?
आज़ाद हो सका है क्या,
कोई इस संसार में?
आज़ाद तो शायद आत्मा भी नहीं,
भटकती रहती है,
अपनों के आसपास,
मोहपाश से बँधी!

आज़ादी की आड़ में हम,
करते हैं मनमानी!
चलाते हैं अपने,
हुकुम का सिक्का!!
आज़ाद होना तो चाहते हैं,
पर आज़ाद करना,
हमारे वश का नहीं!
रुष्ट करके तुष्ट होना,
आज की नियति क्यूँ है!!

फिर एक की आज़ादी गर,
बन जाये दूजे की बेड़ियाँ?
फिर कहाँ की आज़ादी?
ये पलड़ा कभी
बराबर का होगा क्या?
एक झुकेगा तभी दूसरा उठेगा क्या?

आज़ादी के नारे लगाते स्वर,
खुद अपना सुर बदलते दिखते हैं!
बात जब स्वयं पर आए,
तो बातों के मायने बदलते हैं!
आज़ादी बाहर की नहीं,
भीतर की हो!
खुद को निकालें इस
जाहिलता के कुएँ से!
काटें बेड़ियाँ नफरत की!
आज़ाद करें हम खुद को,
अपनी कुंठा से, ईर्ष्या से,
दोहरी दोगली मानसिकता से!
करें दूसरों को आज़ाद
अपनी अपेक्षाओं से!
करें अपनी औलादों को आज़ाद,
अपनी इक्छाओं के बोझ से!
जियें और जीने दें!!

आज़ादी की इस लहर में
बहती मैं,
खुद से सवाल किए जाती हूँ!!

वही हम, वही तुम

समय सबका बदलता है। और बदला हुआ वक़्त हमें तो बदलता ही है, हालातों को भी पूरा का पूरा बदल डालता है!
वक़्त की लाठी बेआवाज़ है!

मैं देखती रही तुम्हारी ओर,
तुम्हारी नज़रें कहीं और थीं!
मेरे लब तलबगार रहे कुछ कहने को,
तुम्हारे किसी और को देख मुस्कुराये!
कतरा-कतरा मैं जली तुम्हारी याद में,
तुम सुलगे किसी और की ख्वाहिश में!
मैं घायल तुम्हारी बेपरवाही से,
तुम किसी गैर की बेरुखी से,
एक ही नाव,
सवार दो मुसाफ़िर!
मंज़िलें, ख्वाहिशें सब जुदा!

पर वक़्त का पहिया घूमता है,
और घूमा!
समय की आँधी दोनों को दूर,
बहुत दूर करती गई!
मैं मैं ना रही, तुम तुम ना रहे,
बदल गए दोनों, आपादमस्तक!
सालों बाद रूबरू हुए हम,

अब बदला सिर्फ वक़्त नहीं था,
अब बदल तुम भी गए थे!
अब बदल मैं भी गई थी!

तुम देखते हो मेरी ओर,
मेरी नज़रों में ठहराव है!
तुम्हारे लब तलबगार हैं कुछ,
सबकुछ कहने को!
मेरे लबों पर अब कोई और मुस्कुराता है!
कतरा-कतरा तुम जलते हो मेरी याद में!
मेरे दिल पर किसी और के प्यार के फाहे हैं!
आज तुम घायल हो मेरी बेपरवाही से!
और मैं लिपटी हूँ प्यार के नर्म-गर्म आगोश में!

एक ही नाव के दो मुसाफ़िर!
मंज़िलें ख्वाहिशें मीलों जुदा!
वक़्त की बेआवाज़ लाठी,
चोट वही.... बस इंसान अलग!

वही हम, वही तुम!!

आख़िर क्यूँ

तारीफ़ के दो शब्द कहना इतना मुश्किल क्यूँ है, बुराइयों के तो कशीदे पढ़े जाते हैं। किसी की अच्छाइयों से डर क्यूँ लगता है लोगों को। अच्छे पर बुरा हमेशा भारी क्यूँ पड़ जाता है!

क्यूँ हमें कमज़ोर बेबस लोग ही भाते हैं?
सशक्त संम्पूर्ण लोगों से हम क्यूँ कतराते हैं?

खुद की तुलना दूसरों से करते हैं,
फ़िर अपनी ही नज़रों में गिरते हैं!
हर इंसान में कुछ अनोखा है, भूल जाते हैं,
या फ़िर दूसरे के इस अनोखेपन से नज़रें चुराते हैं!
खुद तो ऊपर उठते नहीं,
पर दूसरों को नीचे लाने में जी जान लगाते हैं!

किसे अपना कहें और कौन पराया है!
कौन है दोस्त और फ़िर दुश्मन कौन!
कहाँ जा कर खोलूँ दिल की तिज़ोरी!
कौन है जो करेगा,
अपने विवेक की पहरेदारी!
कौन है जो समझेगा मेरी खामोश सरगोशी!
कौन है जो मुझे बिखरने से रोकेगा!
हर नज़र में एक डर है,

एक झिझक, एक सहमापन है,
कौन है, जिसे दूसरों की अच्छाइयों का डर नहीं!

क्यूँ हमें कमज़ोर बेबस लोग ही भाते हैं?
सशक्त सम्पूर्ण लोगों से हम क्यूँ कतराते हैं??

"हम भी कितने अजीब हैं ना,
अपनों का साथ चाहिए भी, पर साथ देते नहीं!
मिलते हैं तो टूट कर,
पर मिलने से हीं कतराते हैं!
अपनीं परेशानियाँ पहाड़,
दूसरों की मुश्किलें
फ़ाहे सी!

हम भी कितने अजीब हैं ना !!"

रश्मि

नई आगाज़

सालों बाद जब खुद से मिली, अपनी कविताओं-कहानियों के ज़रिए, तब लगा कितना कुछ बदल गया है पर कितना कुछ ज़रा भी नहीं बदला। सबकुछ मेरे भीतर ही था कहीं। बस रूबरू अब हुई हूँ! मेरी ये कविता शायद आपको भी आपसे मिला दे!

नई आग़ाज़, नया अंदाज़!
ज़िन्दगी जहाँ से हसीन हुई थी,
उन्हीं लम्हों में,
वापस समा रही है!

बीच का वक़्त,
बीच का लंबा वक़्त,
बीच का उलझा-सुलझा वक़्त,
मानों बीच में, आया ही ना हो!

सालों की खाई जैसे पाट दी हो किसी ने!
वही नए नग़में हैं,
वही गुनगुनाते होंठ,
वही ठुमकते पैर,
और वही दीवाने हम!

किधर को चल दिये,
पता नहीं?
कितना कुछ बदल गया,

परवाह नहीं!
आज फिर ज़ुल्फों में,
सरसराहट है,
कदमों में है थिरकन!
कुछ पुरानी सदायें हैं, कुछ नई कहानियाँ हैं!
दिल वैसे ही बजता है कानों में!
आँखें जुटीं हैं आज भी, हसीन सपने सजाने में!
हम वो नहीं, जो कल थे!
हम वही हैं, जो कल थे!

ज़िन्दगी जहाँ से हसीन हुई थी,
उन्हीं लम्हों में,
वापस समा रही है!!

नई आग़ाज़, नया अंदाज़!!

ख़्वाब

ख्वाबों पर इख़्तियार ना उम्र का है और ना वक़्त का। ख्वाबों का काम है आना और सब कुछ उलट-पुलट कर जाना। शायद मेरी कविता से आप भी इत्तेफ़ाक कर सकें!!

कल रात कोई आया था!

सिरहाने हौले से कोई रख गया,
चम्पा की इक पंखुड़ी,
चंद नग्मों के सिक्के,
धुँधलाई सी इक तस्वीर,
गर्म हथेली की छाप,
और नर्म सा एक एहसास!

आँखों को अधखुला रखा,
शायद वो फ़िर आये!
कोई मीठा सा नज़्म कहे,
मेरे पहलू में आकर!
फ़िर से कोई शरारत करे!
कोई सरगोशी हो,
साँसों में कोई हरारत हो!
खुला रखा आँखों को
और दिल के दरवाज़े को!
भिंची मुट्ठी धीरे-धीरे खुल गई!
कोई ना था!

कोई होगा भी क्यूँ?
ख़्वाब था शायद,
ख़्वाब ही होगा!
पर चम्पा महकती रही
सारी रात!
नज़्म जज़्ब किये रही!
तस्वीर को और भी
धुँधला गई,
आँखों की नमी!
सर्द हो गई, गर्म हथेली की छाप!
जड़ हो गए नर्म एहसास सारे!
दो बूँद बह ही गए,
आँखों का बाँध तोड़ कर!
ख़्वाब था शायद,
ख़्वाब ही होगा!

पर कल रात,
कोई तो आया था!!

"अब आ भी जाओ गर आना हो तो!

एक मीठी बयार सहला जाती है गालों को,
तुम्हारे नाम से हीं!
लटों की गिरह, खुलने को मचलने लगती हैं,
शामें भी कुछ सिंदूरी सी हो जाती हैं!

अब आ भी जाओ गर आना हो तो!"

रश्मि

Rashmi

समझती हूँ माँ

माँ की बात अक्सर बहुत देर से समझ आती है, शायद तब जब हम खुद माता-पिता बन जाते हैं। लेकिन तब तक वो जा चुके होते हैं हमारी दुनिया से।
काश थोड़ा जल्दी समझ पाती ये बात! काश!!

अब खुद को जब तुम्हारी जगह पाती हूँ माँ,
कैसे तुम्हारी हर बात सही पाती हूँ!

उन अनेकों हिदायतों के पीछे की तुम्हारी हर मंशा,
आज समझती हूँ माँ!
तुम्हारी सारी सख़्तियों के मायने अब जाना!
मेरी हर चोट पे तुम्हारी डाँट,
फिर तुम्हारी आँखों का बरबस भींग जाना,
तुम्हारा झल्लाना, फिर प्यार से सहलाना!
आवाज़ की सख़्ती और छुअन की नर्मी का फर्क,
अब सही मायने में समझ पाई हूँ माँ!
अपनी रूठी बिटिया की पसंद की चीज़ बनाना,
फिर बड़े मनुहार से कौर-कौर मुझे खिलाना!
उस हर कौर का कर्ज़, आज चुकाती हूँ माँ,
जब अपने रूठे बच्चों को मनाती हूँ,
गुदगुदा कर खिलाती हूँ!

हमारी बड़ी से बड़ी बात को भी इतनी सहजता से लेना,
हमारी नाकामयाबियाँ, हमारा सारा आक्रोश,
तुम्हारा खुद में जज़्ब कर लेना!
तुम्हारी उन चमत्कारी हथेलियों की मीठी थपकी,
वो नींद में मेरा तुम्हारी गोद में समा जाना,
तुम्हारे पल्लू की वो संदली सी ख़ुश्बू!

समय कैसे हर बाज़ी पलट देता है माँ,
आज जब वही सारी बातें दुहराती हूँ!
जब ख़ुद अपने बच्चों पर झल्लाती हूँ!
तुम्हारी झिड़कियों की मिठास,
जब तब ज़ुबाँ पर पाती हूँ माँ!

अब खुद को जब तुम्हारी जगह पाती हूँ 'माँ',
तुम्हारी हर बात समझ पाती हूँ 'माँ'!!

एक महल

कभी-किसी महल में जाओ तो मन में जाने कितने सवाल उठते हैं। कैसी होगी यहाँ के रहने वालों की दुनिया। कैसे लोग होंगे। वहाँ की दीवार पर , खंभो पर, खिड़कियों, दरवाज़ों पर, हर ओर इतिहास ही नज़र आता है। ऐसे ही एक महल में जब मेरा जाना हुआ तो लगा जैसे इतिहास जीवंत हो मेरी आँखों के सामने आ गया! पेश है मेरा ये काल्पनिक वर्णन!

जाने किस राजा का महल है ये,
जाने किसका ठौर है!
कैसे किस्से होंगे यहाँ,
कैसी रसीली कहानियाँ!

इस आँगन में कितने राजकुमारों ने
ली होंगी,
बचपन की गुलाटियाँ!
जाने कितनी राजकुमारियों ने लीं होंगी,
यौवन की अंगड़ाइयाँ!
अभी दिखे मुझे,
दो जोड़ी आलता रंजित सुकुमार पैर!
दिखे उनके पीछे भागते,
दो बालक बींध!

उधर, उस गोल बड़े कमरे में,
किस रक्काशा ने फेंका होगा,
अपने रूप का जाल,
कोई राजा तो बिंधा होगा,
उसकी नयनों की कटीली बाण से!

ऊपर बादल महल में,
कौन सी रानी गाती होगी,
विरह के दर्द भरे गीत!
कौन सी कुटिल पटरानी,चल रही होगी,
गहरी कातिल चाल कोई!

अरे, उधर दूर क्या है?
अंतिम पड़ाव है शायद!
किन रानियों ने किया होगा वहाँ,
सोलह श्रृंगार!
पति के निर्जीव जिस्म के साथ, जब सती हुई होंगी,
निडर अचल!
भस्म होने के पहले,
क्या वो गम में सिसकी होंगी,
या जलने की तड़प में!

महल क्या है,
जीवंत इतिहास का पूरा पुलिंदा है!
हर आँगन की अपनी तकदीर!
कोने-कोने के अपने गीत,
हर ईंट में जड़ा एक फ़साना कोई,
हर झरोखे की अपनी कहानी कोई!

इन जर्जर खम्बों के नीचे हैं,
जाने कितनी आहें दबीं, अनगिनत बातें,
बेशुमार किस्से कई!
तहख़ानों में कैद,
बेकसूर चीखें कई!

काश, देख पाती एक बार,
अपनी नज़रों से,
इस किले की पुरातन शानों शौक़त!
रुबरु हो पाती,
बाँके राजाओं के भव्य राज्याभिषेक से!
शामिल हो पाती उनकी ज़िन्दगानियों में,
एक बार!
बस, एक बार,
इस महल को मैं भी जी पाती!

जाने किस राजा का महल है ये!
जाने किसका ठौर है!!

Rashmi

कुछ रूमानी सा

उन गुज़रे पलों को, उन बीते लम्हों को हज़ार बार जीते हैं हम, दोहराते हैं कई-कई बार जब कोई हमारा और हम किसी के हो जाते हैं!

हो सके तो महसूस करना,
मेरी साँसों की गर्मी को!
जब झुकी थी तुम्हारे चेहरे पर उस रोज़!

हो सके तो उन थरथराते लबों की हरारत याद करना,
वो हमारे जिस्मों का आपस में इस तरह मिलना,
मानो अब दुनिया खत्म हुई!
वो हमारा टूट कर एक-दूजे को प्यार करना,
वो तुम्हारी निर्लज याचना,
वो मेरा तुम्हें स्वीकार करना!
वो मीठी सी इक टीस, एक सिसक,
वो तुम्हारा मुझमें समा जाना!
कानों में धड़कनों का बेतरह बजना,
वो धड़कन जो कुछ मेरी, तो कुछ तुम्हारी थी!
वो चेहरे की एक-एक रेखाओं पर उंगलियाँ फिराना,
फिर गालों के गड्ढों में उलझ कर रह जाना!
वो तुम्हारा मेरी नज़रों में नज़रें डाल मुस्कुराना,
वो मेरा तुम्हारी बेलोम छाती में मुँह छुपाना!
वो उस रोज़ हमारे प्यार का परवान चढ़ना!
वो इक-दूजे को खोना, फिर पा लेना!

उस मिलन की एक-एक याद को,
दिल की तिज़ोरी में यूँ छिपा रखा है,
मानो जवाहरात हों!
गाहे-बगाहे उस तिज़ोरी को खोल,
मुआयना कर लेती हूँ!
उन मखमली नरम यादों को सहला लेती हूँ!
उस मीठी सी टीस को अभी महसूस किया मैंने!
तुम्हारी छुअन को अभी छुआ मैंने!
मेरे लबों पे तुम्हारी मिठास अब भी है,
मेरी साँसों में घुली तुम्हारी साँस अब भी है,
तुमसे दूर हो भी जाऊँ गर,
तुम आज भी मेरे अंदर हो!

हो सके, तो महसूस करना मेरे साँसों की गर्मी!
हो सके, तो मुझे भी अपने अंदर ही रखना!!

नाज़ुक सा दिल मेरा

एक दिल और सौ मुसीबतें!
भीतरी कश्मकश और जज़्बातों को बयाँ करती मेरी ये कविता आपको अपने ही मन का दर्पण लगेंगी।

ये रस्म अदायगी ये दुनियादारी,
ये बंदिशें, ये मज़बूरियाँ,
ये कश्मकश, ये ज़द्दोज़हद,
ये परेशानियाँ ज़माने भर की!
कहीं नाराज़गी रिश्तों से,
कहीं रिश्ते नाराज़ मुझसे!
इधर संभलता, उधर बिगड़ता,
कुछ बुनता, कुछ उधड़ता!
कहीं किले बनाती मंसूबों के,
कहीं खंडहर ढहते सपनों के,
कहीं पाटती दिलों की खाई,
कहीं ख़ुद पुलों को आग लगाती!
नन्हीं सी ज़िन्दगी और फ़साने दुनिया भर के,
रोकने से ना वक़्त रुका है,
मारने से ना ख्वाहिशें मरीं हैं,
जज़्बातों के बवंडर में घिरा,
तमन्नाओं के बोझ से हलकान,
वक़्त के थपेड़ों से परेशान!

एक मैं और एक मेरा नाज़ुक सा दिल!!

Rashmi

हद

अपनी हद हम खुद ही मुकर्रर कर सकते हैं। अपनी सीमायें हमें खुद पहचाननी हैं। जिन्हें जीवन से जाने दिया वो चाहे कितना भी याद आयें पर उन लम्हों को वापस लाना ना तो मुमकिन है और ना ही सही!

वो शाम याद है तुम्हें,
जब मैंने तुम्हें अपनी दुनिया से जाने को कहा था!
उस शाम की, उन घड़ियों को चुरा कर रख लिया था मैंने,
बिना तुम्हें बताये!

तुम्हारे मायूस लबों की एक-एक सिलवट छुपा लाई थी मैं,
अपनी पर्स की सबसे भीतरी जेब में!

गले लग जब हम रोये थे ना,
आखिरी बार,
तुम्हारे पाश के बंधन को भी बटोर कर बांध लिया था मैंने,
अपने दुपट्टे की किनारी में!

एक कतरा आँसू,
जाने तुम्हारी आँखों का था या मेरी,
वो भी धरा है, अभी तक, मेरे पास,
मोती बन कर कहीं!
पहन लेती हूँ उसे, कभी कभार !

उस मख़मली, संदली शाम की डोर थामे,
कभी तुम्हारे बहुत करीब हो लेती हूँ,
जी लेती हूँ उन लम्हों को एक बार फ़िर,
कभी खुद के हाथों,
उसके पुर्ज़े-पुर्ज़े कर उड़ा देती हूँ!

उड़ा देती हूँ उन्हें,
फिर खुद ही आँसुओं में भींगे उन टुकड़ों को बीनने बैठ जाती हूँ!

वो शाम याद है तुम्हें,
जब मैंने तुम्हें अपनी दुनिया से जाने को कहा था,
वो शाम हर रोज़ जीती हूँ मैं!
वो शाम हर रोज़ मेरी हद मुक़र्रर करता है!!

निगहबान

किसी को सहारा देना हरेक के वश में नहीं होता। मजबूत ही तो मजबूर का सहारा बन सकता है।
रक्षक बन आप बन जाते हैं उसके भगवान, ऊँचा हो जाता है आपका दर्जा।
देने में जो सुख है, वो पाने में कहाँ!

पेड़ की शाख़ से जुड़ा वो पत्ता,
कितना महफ़ूज़ महसूस करता है खुद को!
कोई डर नहीं, कोई फ़िकर नहीं,
कोई है, जो है उसकी देखभाल में सक्षम!
कोई है, जो पोषित करता है उसे,
निरंतर!
वो वट वृक्ष, वो पालनहार,
जो तीव्र आँधी में,
पूस की ठंढी ठिठुरती रातों में,
घनघोर बरसात में,
धधकती गर्मी में भी,
अपने अंक में समेटे,
खुद से जोड़े रखता है उसे!
नन्हा सा वो पत्ता,
तब तक हरा रहता है,
जब तक, खुद को जकड़े रखता है,
अपने संरक्षक से!
सैकड़ों, हज़ारों पत्तों का रखवाला,

वो वृक्ष,
जिसे शायद ही जरूरत पड़े कभी इन पत्तों की!
अपनी सुरक्षा, अपने प्यार, अपने जुड़ाव का,
शायद ही कभी वो मोल माँगे,
वो तो पालक है,
जो देता रहता है निरंतर!
अपना पोषण, अपनी छाया!
अपनी काया में घेरे रखता है सबको,
अपनी परिधि में बाँधे हुए!
शायद गुमां है उसे,
उससे अलग होकर उन पत्तों की नियति!
निष्प्राण, निस्तेज हो जब,
वो धूल धूसरित होंगे!
हवा के झोंके, धूल मिट्टी, गर्द,
कितना आहत कर सकते उन्हें!

पर पेड़ की क्या मजबूरी होगी,
उन्हें खुद में जज़्ब किये रहने की!
पत्ते उसकी शान हों शायद!
उसकी पोषक क्षमता के,
उसकी महत्ता के प्रतीक हों शायद!

तभी, पेड़ की शाख से जुड़ा वो पत्ता,
इतना महफ़ूज़ महसूस करता है!
वो उस वृक्ष की निगहबानी में जो है!!

"कोई तो है,
जिसकी निगहबानी में हूँ!

कोई रूह है,
भटकती है मेरे इर्द गिर्द,
कोई है मेरी उन तमाम रातों का साक्षी,
जब जुड़ी भी, टूटी भी, जब बिख़री भी!
कोई तो है जो हल कर जाता है सारे मसले!

कोई तो है,
जिसकी निगहबानी में हूँ !!"

रश्मि

वीरान मक़बरा

ज़िन्दगी में हम जाने कितनी बातों से रूबरू होते हैं। कुछ बातें अच्छी यादें बन दिल में पनाह पाती हैं तो कुछेक दुःख देते वाकये अपना एक अलग उदास, वीरान सा मक़बरा बना लेते हैं!

दिल के किसी अंधेरे कोने में है,
वीरान सा मक़बरा एक!

दफ़न हैं वहाँ कुछ सिसकियाँ,
चुभती सी बातें कुछ,
चंद अधूरी यादें,
कच्चे अधपक्के से सपने,
बच्चों के खिलौनों की मानिंद,
बेतरतीबी से बिखरीं हुईं,
पटरी से उतरी रेल सी,
उलट पलट!

एक कोने में अब भी पड़े हैं,
रिसते अरमानों के चीथड़े!
खूंटी पर अब भी लटका है,
शैशव का घायल
अल्हड़पन!
उधड़ा पड़ा है,
पहली नज़र का वो

बचकाना सा आकर्षण!
पहले इज़हार की धड़कन!
इनकार की खटास,
दोस्तों के कुछ धुंधले से
तर्क, वितर्क!
किसी खास के तानों का,
अधबुझा सा तीखापन!
माँ की सीख भरी झिड़कियों की
एक छोटी सी पोटली!
पिता के लहज़े की सख़्ती भी, दफ़न होगी कहीं!!

पर वीरान उस मक़बरे में,
शिकवों-शिकायतों का कबाड़,
वक़्त के साथ, बढ़ता ही जाता है!
अपने प्रिय की,
चुभती सी कोई सरगोशी है!
मायके ससुराल के कुछ, मलिन धूमिल से किस्से हैं!
पर हद तो तब हो गई,
जब अपने बच्चों के दिये,
कुछ नन्हे मुन्ने घाव भी,
रिसते दिखे वहाँ!!

मक़बरा छोटा पड़ने लगा है,
जाना थोड़ा मुश्किल सा होता है अब,
चलो, कुछ खाली करूँ,
जितना संभले उतना ही तो भरूँ!
क्यूँ ना इस कबाड़ का कुछ निपटारा करें!
जालों को साफ करें!

अरसे से पड़ी,
सड़ती शिकायतों को
बाहर फेंके!
दुखती रगों पर नेह का मलहम लगा,
उन्हें शाँत करें!
ज़िन्दगी बहुत बड़ी है!
अभी कितने जख्मों को जगह चाहिये,
कितने नए फसानों को,
पनाह देना है!

दिल के जिस कोने में,
वो वीरान अंधेरा सा
मक़बरा है ना,
वहाँ, शिकायतों की आतिशबाजी कर,
उसे रौशन करते हैं!
सूने पड़े उस हिस्से को,
मसरूफ़ियत भरी जिंदगी का,
आरामगाह बनाते हैं!!

दिल के किसी अंधेरे कोने में है,
वीरान सा मक़बरा एक!

नींव का पत्थर

सारी ज़िम्मेदारियों को ओढ़े, खुद को नींव का पत्थर बना देना, क्या ये स्वेच्छा से किया गया त्याग है या फ़िर मजबूरी है उस इंसान की!

सवाल कई हैं!

कभी महसूस करो कसमसाहट,
नींव के उस पत्थर की!

नींव का वो पत्थर,
जिसके दम पर खड़ी होती हैं इमारतें!
ज़मीन की कोख़ में पड़ा वह,
सब महसूस कर रहा होता है!
सतह पर होने वाली हर हरकत,
हर आवाजाही को, अपनी छाती पर झेलता,
कुछ भी करने, कहने की गुंजाइश नहीं,
खड़े तो सब उसकी दम पर हैं,
पर नींव के उस पत्थर को याद रखता कौन है?
बेपरवाह, बेगैरत सारे!

बस एक सवाल है जो सालता है,
कुरेदता, कचोटता, परेशान सा करता है!
पत्थर ने क्या ख़ुद चुनी होगी अपनी नियति,
या महज़ इत्तेफाक था, उसका नींव का पत्थर होना?
सोचो, गर जो पत्थरों में प्राण होते?

तब भी बनाते क्या नींव उसे?
शायद हाँ!
पत्थरों का तो काम है जुड़ना,
जुड़ना और जोड़ना!
उनका एहसान क्या मानना!
दूसरों के दर्द पर सिसकना,
हमारे हैसियत के बाहर जो है!
आहों पर महल ज्यादा आलीशान बनते हैं!
पत्थर ही तो हैं!

फ़िर भी,
कभी महसूस करो कसमसाहट,
नींव के उस पत्थर की!
जो देता हैं पाँव के नीचे की ज़मीन,
और सर के ऊपर एक छत!
जिसके दम पर खड़ी होती हैं इमारतें!

"माफ़ी माँगना आसान क्यूँ है,
माफ़ करना इतना दुरूह क्यूँ!
माफ़ी माँग आप रख देते हो,
अपने सारे हथियार सामने!
पर माफ़ी दे कर निभाना,
किसी सूरमे सा कलेजा चाहिए !!"

रश्मि

Rashmi

वक़्त का प्याला

परिवर्तन ज़रूरी है और यही सत्य है! पर बदलाव को अपनाना हर किसी के लिए आसान नहीं। बदलते वक्त के साथ आप जब तक ख़ुद को बदलते हैं, वक़्त फ़िर से बदल जाता है!

यूँ ही लरजती हूँ,
कभी-कभी बेतरह डरती हूँ!
हर वक़्त के बदलाव से
नज़रें चुराती हूँ,
बामुश्किल जब तलक खुद को बदलूँ,
समय फ़िर से बदल जाता है!

जो आज ताज़ा है, कल बासी हो जाएगा,
जो आज नया है,
कल अतीत बन जायेगा!
सुबह-शाम, दिन-रात
सब बीत जाएगा!
वक़्त का प्याला है,
जाने कब रीत जाएगा!

मौसम ही तो सिखाता है हमें,
बदलने का गुर!
आज ख़ुश्क, तो कल नमी,
आज सिहरन तो कल तपिश!

बदलाव सत्य है, बदलाव अटल है!
पर बदलते दौर के साथ खुद को बदलना,
शायद ही मुझे आ पायेगा!

यूँ ही लरजती हूँ,
कभी-कभी बेतरह डरती हूँ!

वक़्त के बदलाव से
नज़रें चुराती हूँ,
बामुश्किल जब तलक खुद को बदलूँ,
वक़्त फिर से बदल जाता है!
परिवर्तन है ये,
हौले से ही आता है!

यूँ ही लरजती हूँ,
कभी-कभी बेतरह डरती हूँ!!

पल दो पल

आज जिधर देखो बेतरतीबी है। इंसान को इंसान के लिए वक़्त नहीं। रिश्तों में दूरियाँ, उन्हें वक़्त ना देने का ही हासिल हैं। काश वो बचपन वाला सुकून फ़िर से एक बार मुयस्सर हो पाए, काश!

रफ़्तार भरी इस ज़िन्दगी से,
बस दो पल माँगती हूँ!

दो पल;
सुकून के, इत्मिनान के,
फ़ुरसत के, फ़ुरकत के!
लिख सकूँ कुछ अपनी
आपबीती!
पढ़ सकूँ चंद शे'रों ग़ज़ल,
गुनगुना सकूँ पुरानी धुन कोई!
मुस्कुरा सकूँ कुछ मीठी यादों पे,
आईने से रूबरू हो सकूँ,
अपनी छवि को निहार सकूँ!
थोड़ा निखार सकूँ!
धुँधली पड़ी अपनी लेखनी को,
झाड़ पोंछ चमका सकूँ!
रिश्तों में पड़े सिलवटों को,
प्यार की गरमाई से इस्त्री कर,
पहले सा सुचिक्कन बना सकूँ!

डर के, दुःख के,
बेतरतीबी के,
सारे जाले हटा, साफ़ कर सकूँ!
उजली, चमकदार कलेवर वाली,
अपनी नई ज़िन्दगी की,
नज़र उतार सकूँ!

दो पल की नींद, सुकून भरी,
दो पल की छाँव,
दो पल की खुशियाँ,
दो पल का साथ बस!

रफ़्तार भरी इस ज़िन्दगी से,
बस दो पल माँगती हूँ!!

"काँपते हाथों को थाम लेना,
थके शरीर को खुद में समेट लेना,
पेशानी पे पड़े बलों को धीरे धीरे इस्त्री कर,
थपकी दे सुला देना,
बस्स...
मुझे नहीं आता, इससे ज़्यादा कुछ !!"

रश्मि

वो पहले सी रौनक

महामारी के दो साल हमारे दिलों दिमाग पर हमेशा हावी रहेंगे। हम ताउम्र नहीं भूल सकते वो दहशत, वो दुःख, वो बेबसी, वो अकेलापन, वो छटपटाहट। कोई ऐसा नहीं जिसने किसी अपने को या किसी जानने वाले को खोया नहीं।

उन्हीं उदास दिनों में लिखी थी ये कविता जब एक के बाद एक मौसम बदल रहे थे, त्यौहार पर त्यौहार बीत रहे थे पर हम सब बेबस होकर कैद थे घरों में। ऐसा समय मानव जाति अब कभी ना देखे, हे ईश्वर!

कैसे लायें हम पहले सी रौनक,
कैसे करें हम वक़्त का श्रृंगार?
हर दिल में दहशत है, हर नज़र में सवाल!

अबके बारिशों में कोई कशिश नहीं,
झूम के नाचने वाले अल्हड़ कदम,
आज घरों में कैद जो हैं!
सावन के झूले पड़े हैं,
पर संग झूलने को सखियाँ नहीं!
रक्षा बंधन पर अबके भाई,
इंतज़ार भी ना करे बहनों का!
रक्षा का बंधन, अनेकों मंगल कामनायें,
आशीष की मालायें सब,
बहनें, खत से ही भेज दें, इस बार!

अबके दशहरे में वो ढोलवाला ना दिखे शायद,
जिसकी हथेलियों की गाँठें बताती हैं,
के उसकी थाप पे जाने कितने कदम थिरके होंगे कभी!
वो पानीपूरी वाला भी शायद उदास घर जाए,
मचलती तितलियों सी लोलुप जिह्वा वाली किशोरियाँ,
जाने अब कब आयें!
सीटी, टिटहरी, गुड़िया, बाजे लेने, बालक ना मचलें फ़िर,
संयम का पाठ उन मासूमों ने पढ़ जो लिया है!
माँ दुर्गा की पूजा, सिन्दूर खेला,
सुहागिनें उतनी शायद ना जुट पायें इस बार!
दीपावली की उजियारी रातें भी,
जाते साल की इस कालिमा को मिटा ना पायें शायद!
अब तो भीतर के अंधेरे और उदासी की काई को,
वक़्त की जाली ही, धो-माँज साफ़ कर पाएगी!
छठ पूजा पर उठने वाले हाथ भी कंपकंपा जायें शायद,
प्रखर भास्कर को सजल नेत्रों से
बस उपालम्भ की अंजलि ही दे पायें हम,
शायद!

अबके बारिशों में कशिश नहीं!
झूम के नाचने वाले अल्हड़ कदम,
घरों में कैद जो हैं !

कैसे लायें हम पहले सी रौनक!
कैसे करें हम वक़्त का श्रृंगार!
कैसे भूलें हम इन गये महीनों का त्रास!
कैसे समझायें हम दिल को,
के सब सही है, सब सही होगा,

कैसे रोकें उठने वाली सिसकियों को!
कैसे पोंछे अपनी आँखों का अँगार!
हर दिल में दहशत है, हर नज़र में सवाल!

कैसे लायें हम पहले सी रौनक!
कैसे करें हम वक़्त का श्रृंगार!!

गुलशन और जंगल के दरख़्त

जिनके सर पर माँ-बाप का साया है, उन बच्चों को कभी-कभी हमारी नसीहतें कितना खलतीं हैं, हमारा रोकना टोकना, उनका ख़्याल करना, उनकी चिंता करना, सब नागवार लगता है उन्हें।

वहीं दूसरी ओर वे बच्चे जिनका दुनिया में कोई नहीं, वे इन्हीं सब बातों के लिए तरसते हैं।

मेरी इस कविता का सार यही है!

गुलशन के पेड़ और जंगल के दरख़्त,
पेड़ ही हैं दोनों!

पर एक का होता है लालन-पालन,
देते हैं हम अपना एकाग्र समर्पण,
दिन-दिन उसे पनपते देख,
जुड़ाती है हमारी छाती!
उसके सर पर रहता है निर्मल आसमां,
धरती में होती है खाद की ख़ुराक!
गर्मियों में सींचते, सर्दियों में हिफाज़त करते,
बरसात के ओलों को बीनते,
माली के हाथ जाने कितनी दफ़ा होते हैं घायल!
आँखों का सपना बन, पलता है वो नव वृक्ष,
जब सौ-सौ नखरे दिखाती फूटती हैं उसकी कोपलें!
नरम मुलायम पत्तियों से जब सजता है हमारा दुलारा,
जाने कितनी बार उस ऊपरवाले के सामने नतमस्तक होते हैं!
आँखों में प्रेम की बरसात लिए उस परम शक्ति को बारंबार नमस्कार करते थकते नहीं हम!

और दूसरी ओर है वो जंगल का दरख़्त,
छुटपन से ही जिसे पड़ी हो थपेड़ों की आदत!
जिसके सर पे आसमान,
पूरी बेबाकी से करता हो मनमानी!
कभी आग बबूला हो चटखा देता हो उसकी एक-एक शाख़,
तो कभी ओलों की बरसात कर बनाता हो उसे ठूँठ!
जिसे अनाथ और निहत्था जान कोई भी चुरा ले उसकी डालों को,
अंग भंग कर, छोड़ जाए उसे निष्प्राण!
ना करे उसे कोई पोषित,
और ना कोई करे ख़्याल!
वो सूख कर ठूँठ बन जाये तो उसकी नियति,
वो फले फूले तो उसके करम!
ना लेने को हो कोई उसकी बलायें,
ना नज़र उतारे उसकी पत्तियों की कोई!
ऐसे थपेड़ों के बीच खड़ा वो अभिमानी, स्वावलंबी, जंगल का दरख़्त,
जो टूटा भी कई बार,
झुका भी कई बार ,
पर लहलहाया हर बार!

फिर क्यूँ हमारी परवाह
गुलशन के पेड़ को है नागवार?
क्यूँ दख़ल अंदाज़ी लगती है
उसे हमारी चिंता?
क्यूँ संभालने वाले हाथ
लगते हैं उसे हथकड़ियाँ?
क्यूँ लगती हैं नसीहतें बेड़ियाँ?

गुलशन के पेड़ और जंगल के दरख़्त,

पेड़ ही हैं दोनों!

पर एक का होता है लालन-पालन,

और दूसरे का शोषण!!

साल का अंतिम दिन

साल का अंतिम दिन हमेशा एक मीठी सी टीस दे कर जाता है। क्या-क्या किया, क्या रह गया! क्या सही हुआ, क्या गलत हुआ, कहाँ जीते, कहाँ हारे! सब कौंध जाता है दिलो दिमाग में। बीती रात के जाने का दुःख और उगते भोर के आने का उल्लास, कुछ मिश्रित सा ही लगता है, साल का अंतिम दिन!

साल के अंतिम दिन की अंतिम घड़ियों में,
आने वाले नए साल की उमंगों में बौराये लोग,
सबके कदमों में थिरकन,
और होठों पे बेबाक हँसी!
और जब हर ओर आलम उल्लास का है,
मैं बैठी हूँ, गए साल का खाता खोले,
हिसाब-किताब में डूबती उतराती,
क्या-क्या खोया, क्या पाया,
किसे गँवाया, किसे कमाया!
कहाँ छोड़ आई कुछ सपने अपने,
कितने फंदे डाले,
जिम्मेदारियों की सलाइयों में!
माथे पे लकीरें कितनी बढ़ीं,
चश्मे के नम्बर में कितना इज़ाफ़ा हुआ!
किन-किन पुराने लम्हों को याद कर खिलखिलाई,
कौन-कौन से किस्सों पे आँखें भर आईं!
पर साल के अंतिम दिन की अंतिम घड़ियों में,
जब हर ओर आलम उत्साह का है

ये सब छोड़, क्यूँ ना नए साल को रास्ता दें!
फ़ागुन में फाग गा कर रंग जमायें,
गर्मियों में आम लीची मन भर खाएँ!
पहली फुहार और सौंधी सी मिट्टी की ख़ुश्बू!
झमाझम बारिश में, बावले हो कर नाचें!
दशहरे दीवाली को जी भर कर मनायें,
सर्दियों की पहली खनक को गले लगाएँ!
बड़े-बड़े पल बनाते हम,
इन छोटे गड्ढों में छपाके लगाने से क्यूँ कतराएँ!

तारों को मुट्ठी में भरने की ख़्वाहिश में हम,
अक्सर दिलों को रोशन करना ही भूल जाते हैं!
चलो छोड़ो भी ये हिसाब-किताब,
अब चलो नए साल की खुशियाँ मनाते हैं,
बीते साल के इबारतों को इक आखिरी बार पढ़,
फ़िर हौले से पन्ना पलटते हैं!
कोरे कागज़ को
अपनी पसंद के रंगों से रंगते हैं!
कुछ दिल की लिखते हैं,
कुछ लम्हे गढ़ते हैं!

साल के अंतिम दिन की अंतिम घड़ियों में,
जब हर ओर आलम उत्साह का है!

आओ ना, नए साल का एहतराम करते हैं!!

कुछ अपने बारे में.....

बचपन से ही किस्से-कहानियों की दुनिया में विचरना अच्छा लगता था मुझे... जब पढ़ना-लिखना भी नहीं जानती थी, तबसे! तब कहानियाँ सुनती थी दादी से, और मेरा अबोध, भोला बचपन उन्हीं कहानियों में खुद को ढूँढता, जाने कितने किस्से गढ़ लेता और जब इन्हीं अधकच्ची, अधपकी कहानियों को दादी को सुनाती तो वो बड़े गर्व से कहतीं, "हमारी रानी बेबी की किताब छपेगी एक दिन"!

पापा को किताबों का बड़ा शौक था। वो शौक हम सारे भाई-बहनों को विरासत में मिला! अब जब किताबें पढ़ने लगी तो कुछ लिखने भी लगी। एक डायरी दी थी पापा ने तब, उसमें हीं दर्ज़ करती रही अपने दिल की हर बात, पूरी ईमानदारी से! पहले तो अपने हर लिखे को सबको पढ़ाती, पर जैसे-जैसे बड़ी हुई, अपनी बातों को, जज़्बातों को छुपाने लगी सबसे, जाने क्यूँ!

फ़िर शादी-ब्याह, घर- गृहस्थी, बच्चों में सब छूटता चला गया! हाँ नहीं छूटा तो पढ़ना! किताबों के ढेर में ही सबसे ज्यादा खुश रहती मैं! और पति ऐसे मिले जिनको कहानियों-किस्सों की किताबों में कोई रुचि ना थी, कोर्स की किताबों में ही उन्होंने अपना जीवन गुज़ारा था! पर उनको मेरा किताबों से अगाध प्रेम देख कर बहुत ख़ुशी होती! कहीं भी जाते मेरे लिए दो-चार किताबें ज़रूर लाते और मुझसे सबकी कहानियाँ सुनते!

धीरे-धीरे बच्चे बड़े होते गए और समय फ़िर से मेरी सहेली बन गई! डायरी-कॉपियों के पन्ने सब फ़िर से खुल गए, मैं एकबार फ़िर खुद से मिलने लगी! ये सिलसिला कुछ सालों तक चला! अब मेरी झिझक थोड़ी कम हो चली थी, अपनी लिखी कहानियाँ-किस्से, अपने पति और बच्चों को पढ़ाने लगी थी मैं! वे कहते इतना अच्छा लिखती हो, छपवाने की भी सोचो, पर मुझे लगता ये उनलोगों का प्यार है जो मेरा कुछ भी लिखा उन्हें इतना पसंद आता है !

फ़िर मेरी बिटिया की इंजीनियरिंग जब पूरी हुई और वो नौकरी करने निकली, मैं उस पूरी रात सो नहीं पाई। उसके और आजकल की लड़कियों के जुझारूपन के बारे में ही सोचती रही! समय कितना बदल गया था, आज की लड़कियों का हौसला देख दिल

नतमस्तक हुआ जा रहा था। पता नहीं कैसे मेरी कलम, कागज़ पर अपने जज़्बात उकेरने लगी और "कैसे कहूँ" कविता के रूप में पन्नों पर आ गई!

वो दिन है और आज का दिन, लगा जैसे कोई बाँध टूट गया हो! मैंने जो लिखना शुरू किया तो कलम फिर रुकी ही नहीं। इन बीते सालों में सौ से भी ऊपर कवितायें और जाने कितनी कहानियाँ लिख डालीं मैंने। कुछ पर तो लघु फ़िल्में भी बना डालीं।

कहाँ से आ गया इतना साहस मुझमें? मेरी उस पहली कविता "कैसे कहूँ" से या अपनी बिटिया के जुझारूपन और आज की लड़कियों के हिम्मती अवतार से, शायद...!

तभी इस कविता को अपनी किताब में पहली कविता बना कर पेश किया है और किताब का नाम भी "कैसे कहूँ" रखा है! मेरी हर एक कविता मुझे अपने बच्चों सी ही प्यारी है। आखिर इन्हें भी तो मैंने ही जना है! आशा करती हूँ आप सबको पसंद आएँगी ये कविताएँ। मेरी इन कविताओं में आप ख़ुद से, अपने जज़्बातों, ख़यालों, अपनी तमन्नाओं से मिलेंगे। खासकर स्त्रियों को तो ये अपनी ही कहानियाँ लगेंगी।

मेरी हर कविता किसी न किसी सच्ची घटना के आस-पास हीं बुनी गईं हैं। इनकी हर पँक्तियों को मैंने जिया है, महसूस किया है।

ज़िन्दगी के उन तमाम अनुभवों का एक पुलिंदा बना इस किताब के जरिये आपलोगों तक लाई हूँ।

शायद आप भी इनके जरिए मिल लें खुद से, जी लें उन गुज़रे पलों को एक बार फ़िर से।

'दादी' आपकी बात कितनी सच निकली! आपके आशीर्वाद से, आपकी "रानी बेबी" की किताब छप ही गई!

आपको मेरा नमन!

CPSIA information can be obtained
at www.ICGtesting.com
Printed in the USA
LVHW030140210323
742063LV00002B/697

9 789357 412582